心を癒す

ストレス・フリーの幸福論

大川隆法
RYUHO OKAWA

まえがき

人間の数だけ悩みはあるだろう。その数多い悩みの中から、できるだけ共通の要素を取り出し、対処法《たいしょほう》を考えるのが宗教家の仕事だろう。

本書は、当会の支部精舎《しぶしょうじゃ》で、主として地方の会員のために話した内容をもとにしているので、あまり気どらない、気楽な目線《めせん》で、私の基本的な考えが述べられている。

折々《おりおり》の、心の指針として、生きていくことの意味や心の気づきになると幸いである。

二〇一二年　七月三日

幸福《こうふく》の科学《かがく》グループ創始者兼総裁《そうししゃけんそうさい》　大川隆法《おおかわりゅうほう》

心を癒す　ストレス・フリーの幸福論　目次

第2章　人間関係向上法

第3章　祝福の心

第4章　運命の大波にもまれながら生きる

3

決断力が道を拓《ひら》く　171

第5章 奇跡《きせき》を感じよう

第1章
ストレス・マネジメントのコツ

1　人間関係によるストレス

現代人《げんだいじん》の悩《なや》みの多くは「ストレス」が原因《げんいん》

本章のタイトルの「ストレス・マネジメントのコツ」は、宗教《しゅうきょう》という枠《わく》を超《こ》えて、すべての現代人《げんだいじん》にとって福音《ふくいん》となるテーマでしょう。これは、日本人だけでなく、外国人にとっても非常《ひじょう》に大事なテーマであると思います。

現代人の悩《なや》みには、いろいろな言い方がありますが、ある意味では、このストレスが、あらゆる悩みのもとになっています。

そのため、読者のみなさんのなかには、「ストレス・マネジメントのコツを教えてくれたら、現代の悟《さと》りとしては、もう十分で、あとは用はない。幸福の科学に入会する必要もない」と思う人もいるかもしれませんが、そうはいきません。本章の内容《ないよう》は、あくまでも〝さわり〟であって、これだけですぐに悟れるほど、宗教は甘《あま》くないのです。なぜならば、その背景《はいけい》には、深い深いバックグラウンドがあるからです。

さて、私は、千葉県の松戸支部精舎《まつどしぶしょうじゃ》で、本章のもとになった説法《せっぽう》を行うに当たり、その支部の信者に対して、「どのようなことで悩んでいるか。どのようなことにストレスを感じているか」という事前アンケートを取りました。

その結果を見ると、主に、「人間関係の問題」と「金銭的《きんせん》、経済《けいざい》的な問題」の二つが中心で、あとは、「老後の心配」が少し入っていました。この結果は、世間《せけん》の相場と、そう大きく変わらないでしょう。

これらは、わりに基本《きほん》的なことではありますが、やはり、ニーズのある問題なので、本章を通じて答えていきたいと思います。

まず、そのアンケートで、いちばん多かったのは、「人間関係のストレス」でした。特に会社における上司や先輩《せんぱい》等、組織《そしき》のなかでの人間関係のストレスが多かったのです。

世間一般《いっぱん》の会社では、「入社何年目か」「男性《だんせい》か女性か」「どのような専門《せんもん》性を持っているか」「学歴や職歴《しょくれき》、過去《かこ》の成果」等、いろいろな物差しで、社員を測《はか》り、分類し、それぞれの職場に配属《はいぞく》していきますが、そこで人間関係の問題が起きてくるわけです。

会社時代に経験《けいけん》した、ある先輩《せんぱい》との葛藤《かっとう》

私にも、ほんの六年間ですが、会社に勤《つと》めていた在家《ざいけ》時代があり、そのときには、かなりのストレスを感じていました。

ただ、今、考えてみると、二十代のときのストレスは何一つ残っていません。

その当時、私がストレスを感じたり悩んだりしたことは、すべて消えています。現時点まで持ち越《こ》しているものは何もないのです。

それは、私が、同じところにとどまっていないことを意味しています。私は、次々と新しいことにチャレンジしているので、ストレスや悩みに思っていたものが、川の流れのように過《す》ぎ去り、小さくなっていったのだろうと思います。

当時、会社には、私と同じ東京大学出身の人が何人もいましたが、そのなかの、ある先輩《せんぱい》が私のストレスのもとでした。しかし、今から振《ふ》り返ってみると、その先輩に鍛《きた》えられたおかげで、現在の私があるため、本当に感謝《かんしゃ》の念に堪《た》えません。

その方は、大学の先輩ということもあり、私に対して、厳《きび》しく〝愛のムチ〟を打ってくれました。すなわち、私の欠点と見えしところに、グサッ、グサッ、グサッと、虫ピンを刺《さ》すように〝愛のムチ〟を打ち込《こ》んでこられたのです。

そのおかげで、私は、悟りを数多く開くことができました。本当に勉強になったと思います。

ただ、その先輩には、自分のストレス解消《かいしょう》のために私に厳しくしていた面もそうとうあり、ほかの人に対しても同じような接《せっ》し方をしていたら、少し問題があったと思います。「同じ大学の同じ学部の後輩だから、多少、無理を言っても、我慢《がまん》して聞くだろう」というような甘えもあったのでしょうが、ずいぶん鍛えてくださいました。

例えば、会社時代、私は、新卒採用《さいよう》の仕事を手伝ったときに、優秀《ゆうしゅう》な後輩をかなり採用したのですが、その先輩から、「おまえはバカだなあ」とずいぶん言われたのを覚えています。

「あんなに優秀な後輩をいっぱい採《と》ったら、あとで大変だぞ。会社では、自分から見て、少なくとも五年から十年前後ぐらいの人間が、みな、強力なライバルになっていくんだ。おまえには、それが分からないのか」などと言われたのです。

驚《おどろ》きました。私は、そんなことなどまったく考えておらず、ただただ、「会社が発展《はってん》すればよい。そのために、優秀な人材を採るのが私の使命だ」と思い、先輩として、一生懸命《いっしょうけんめい》にリクルートしていたのです。

特に、私は、ほかの会社で内定が出た人を引き抜《ぬ》くのが専門でした。やはり、のちのち、教祖《きょうそ》になるだけのことはあり、私が口説《くど》くと、他の一流企業《きぎょう》からたくさん内定が出た人でも、たいてい〝落ちた〟のです。

当時の私は、そういう役にも使われており、優秀な人をよく口説き落としていました。会社は、この仕事に対する報酬《ほうしゅう》をあまりくれませんでしたが、単に好きだったため、よく手伝っていたのです。

しかし、その先輩から、そうしたことを言われ、「なるほど。知恵《ちえ》のある人は違《ちが》うものだ。そんなことまで考えるのか」と思ったのを覚えています。

また、職場では、自分が霊的《れいてき》な能力《のうりょく》を持っていることを、ある程度《ていど》、隠《かく》していましたが、心を許《ゆる》せる一部の人たちには、「霊現象が起きている」というような話をしていました。しかし、そういう話がまわり回って広がり、その先輩の耳に入ってしまったため、その先輩から、「それについて懺悔《ざんげ》せよ」「霊的なことを否《ひ》定《てい》せよ」と〝踏《ふ》み絵〟を迫《せま》られ、そうとう叱《しか》られたことを覚えています。

私は、自分の会社時代について、〝日の当たる面〟は語っていますが、〝ダークサイド〟はほとんど語っていません。その部分を語ると、刻印《こくいん》されて残ってしまいますし、当時、同じ会社にいた人たちの多くはまだ存命《ぞんめい》中なので、なるべく話さないようにしているのです。

「自分を飛躍《ひやく》させる芽」は批判《ひはん》のなかにある

ただ、私のストレスのもとになった人や、私を深く傷《きず》つけた人であればあるほど、その当時の人間関係が、あとあと、魂《たましい》の糧《かて》になっていくことが多かったと感じています。

今となっては、私を真っ向から批判《ひはん》してくださる人はそれほど多くいませんが、昔は、情け容赦《なさけようしゃ》なく言われたため、勉強になることが多かったのです。

ちなみに、今、私を真正面から批判しようとする場合には、そうとうの覚悟《かくご》が要《い》るでしょう。それは、一国の首相であっても、十分に怖《こわ》いことだと思います。

例えば、首相が「大川隆法の顔つきが気に入らない」などと語り、その言葉が新聞に載《の》ったならば、首相官邸《かんてい》にも、新聞社にも、当会の信者から抗議《こうぎ》の電話が殺到《さっとう》し、朝から大変なことになるかもしれません。たとえ、私が、「おっしゃるとおりですね」と言ったとしても、信者は許してくれないでしょう。

ともあれ、読者のみなさんも、会社の人間関係で、いろいろと苦しむことはあるでしょうが、「他人からの批判は、全部が全部、間違っているわけではない」ということは知っておいたほうがよいと思います。

特に、自分に対する批判のなかには、自分を、もっと素晴《すば》らしい人物へと飛躍《ひやく》させていく芽が潜《ひそ》んでいます。要は、その批判をうまく汲《く》み取って、自己改善《じこかいぜん》の方向に持っていけばよいのです。

たとえ、批判してきた相手が、それほど優《すぐ》れた人ではなかったとしても、その批判が役に立つことはあります。

もし、「自分より優れた人以外は、自分を批判することができない」というのであれば、民主主義《しゅぎ》は成り立ちません。民主主義とは、それほど優秀でもない普《ふ》通《つう》の人たちが、優れた人を選挙で選んだり落としたりする制度《せいど》なのです。

つまり、「普通の人であっても、トータルで見て、人物的に優れている人の悪いところや欠点、あるいは失敗が見える。自分のことについては分からないことが多いけれども、人様のことについては岡目八目《おかめはちもく》で分かる」ということが、民主主義の前提《ぜんてい》になっているわけです。

そのため、民主主義社会においては、偉《えら》くなればなるほど、批判を聴《き》かなければいけなくなってきます。地位がだんだん高くなると、普通の人間ならば許されることが許されなくなり、ちょっとした言い間違いでも批判を受けるようになります。そういう地点があるのです。

それは、非常に傷つくことではありますが、ある意味で、「高い地位に就《つ》くことには、それだけの重みがある」ということでもあります。それを知らなければいけません。

重要な人物になればなるほど、今まで批判されなかったようなことでも、批判されるようになります。例えば、フォロワー（部下）であれば批判されないことでも、リーダーになると、批判されることがあるのです。

特に、女性の場合、リーダーという立場に立ったならば、本来、女性として言われたくないようなことまで、言われることがあるでしょう。

リーダーというのは、そういう立場です。地位が上がっていけば、必ず、いろいろな人からの不満や批判を受けるようになっていくのです。

「批判《ひはん》の矢」を受けても傷《きず》つきすぎないことが大切

私にも、いろいろな経験《けいけん》を通じて悟ったことが幾《いく》つかあります。

そのうちの一つは、宗教的な人格《じんかく》を持った人には特に大事なことなのですが、そういう人の場合、非常にピュア（純粋《じゅんすい》）であることが多いため、人の言葉をまともに聴いて傷《きず》つきすぎてしまいがちです。つまり、宗教的人格の人には、自分自身としては、他人の悪口を言わないように努力し、そういう戒律《かいりつ》を自らに課していているようなところがあるがゆえに、かえって、人からの批判《ひはん》や攻撃《こうげき》等に対して無防備《むぼうび》になってしまって、深く傷つき、それを長く引きずる傾向《けいこう》があるのです。

私も若《わか》いころはそうでした。ただ、一定の年数がたった上で考えてみると、やはり、「『あまりにも傷つきやすく、それを長く引きずる』ということ自体が、一つの罪《つみ》である」と思うようになりました。

相手は、それほど深く考えずに言っている場合もあります。「そのときの事情《じじょう》や、その場の雰囲気《ふんいき》で、たまたま思いついたことを言っただけだ」ということも数多くあるのです。それに対して、十年も二十年も傷を引きずるということであってはいけません。

相手も、「十年も二十年も苦しめてやろう」「一生苦しめてやろう」などと考え、そこまで狙《ねら》って、矢を放ったわけではないことが多いのです。

もちろん、たまには、そういうこともあるかもしれません。「こいつを一生呪《のろ》ってやろう」と思い、狙いに狙って、ベストタイミングで矢を打ち込むようなことも、一生のうち、一回や二回ぐらいはあるかもしれませんが、普段《ふだん》の日常生活では、そこまで考えていないことが多いのです。

お互《たが》いに、普通の人間であることが多く、必ずしも聖人君子《せいじんくんし》ではありません。そのため、相手の言葉を真《ま》に受けて傷つくのは避《さ》けられないにしても、やはり、一晩寝《ひとばんね》たら忘《わす》れてあげなければいけないでしょう。そういうレベルのことが多いのです。

例えば、批判が出た際《さい》に、リーダーとしては悶々《もんもん》と苦しむでしょうが、そういう批判のなかには、実は、甘えて言っている場合もあります。つまり、自分の思いどおりにならないことが許せず、その気持ちが甘えに転化して、自分の上席《じょうせき》にある者への批判になったりすることもあるわけです。

したがって、批判を深刻に考えすぎてはいけません。まったく無視《むし》してもいけませんが、深刻に受け止めすぎてもいけないのです。これは、私が若いころに学んだ、重要な教訓の一つです。

特に、宗教的に純粋な人は非常に傷つきやすいので、やはり、ある程度の強さを持たなければいけないでしょう。

生き物のなかには、ナマズやウナギのように、体の表面に鱗《うろこ》がなくヌメヌメとしたものもいます。また、鱗が付いている魚もいれば、亀《かめ》のように甲羅《こうら》を背負《せお》っているものもいます。そのように、防衛《ぼうえい》のレベルには、いろいろと違いがあります。

ですから、みなさんも、「どの程度、その『批判の矢』を受けるだけの防衛装《そう》備《び》を身につけるか」ということを考えたほうがよいでしょう。

私の場合、根本的な考え方が間違っていたり、人を不幸にしたりするようなことがあれば、当然、批判によって傷つくことはありますが、通常レベルの少々の批判で傷つくことはすでになくなっています。それは、私の悩みの次元が上がってきているからです。今の私は、多くの人々の幸福を考えているため、小さなことでは悩まないのです。

一晩寝《ひとばんね》たら忘《わす》れてしまうだけの胆力《たんりょく》を

しかし、昔は、私もそうではありませんでした。

学生時代の私は、テストの成績《せいせき》が発表されたときに、憧《あこが》れている女性の名前が、自分より上位に載っているのを見ただけでも傷つきました。「食事が喉《のど》を通らず、晩《ばん》ご飯を食べ逃《のが》した」などということもあったのです。今から考えれば、愚《おろ》かな話です。

そのようなときこそ、お腹《なか》いっぱいご飯を食べ、頑張《がんば》って勉強すべきだったと思います。それが積極的な態度《たいど》でしょう。「『憧れの女性の名前が、自分よりよい成績で載っていた』というだけでショックを受け、ご飯が食べられない」というのは、やはり、純情すぎます。

毎日こういうことをされては、ほかの人も困《こま》るでしょう。そういうことであっては、誰《だれ》も努力できなくなってしまいます。

勉強とは、「ほかの人が傷つくかもしれないから、あまり勉強してはいけない」とか、「入学試験でよい点数を取ると、ほかの人が傷つくだろうから、差し控《ひか》える」とか、そういうものではないはずです。

学生時代は、お互いに切磋琢磨《せっさたくま》しているときです。試験等では勝ったり負けたりしますが、それは、あくまでも人生における一種のゲームであり、自分を鍛えるチャンスなのです。

したがって、その結果については、あまり根に持つべきではありません。

そういうことで、宗教的人格を持っている人の場合には、「傷つきすぎない」「その傷を長く引っ張《ぱ》りすぎない」ということが特に大事です。「傷を長く引っ張ることは一種の罪である」ということを知ってください。

一方、自分を傷つけた相手のほうも、「言い間違えた」「傷つけた」と感じていることがあります。しかし、「悪いことを言ってしまったな」と思っていたとしても、これがなかなか謝《あやま》れないものなのです。

たまには、「あのときは、ごめんなさい」と謝るチャンスが出てくることもありますが、そのチャンスを逃してしまうと、もはや謝ることができません。つまり、こちらが傷ついている姿《すがた》を見て、向こうが傷つくこともあるのです。

やはり、一晩《ひとばん》寝《ね》たら忘《わす》れてしまうだけの胆力《たんりょく》をつけることが大事です。「そのようになろう」と努力して思っていれば、だんだんそうなっていきます。

鱗一枚《いちまい》付いていない体では、水も弾《はじ》けません。まずは、普通の魚程度の〝鱗〟を身にまとい、次は、南米の古代魚ピラルクーのような〝厚《あつ》い鱗〟を身にまとい、さらには、亀のような〝甲羅〟で自分を守るところまで行かないといけません。

自分に大きな目標があり、それに向けてしなければならないことがあるならば、小さなことにこだわったり、くよくよしたりするのは、マイナスです。それを知る必要があります。

立場が上がるほど「悩《なや》みのスケール」が大きくなる

小さなことにこだわり、傷つき、それを長く引っ張っている人というのは、ある意味で、暇人《ひまじん》です。そう言われると、もっと傷つくかもしれませんが、実際に、そのとおりです。暇なのです。「何年も何十年も、人から言われた言葉で悩むことができる」というのは、暇な証拠《しょうこ》です。忙《いそが》しい人には、そのようなことで悩んでいる暇などないのです。

例えば、一従業員《じゅうぎょういん》の場合、仕事で上司の課長から叱られただけでも、悶々と悩み、苦しむことがあるだろうと思います。

しかし、こうした不況期《ふきょうき》に、何千人、何万人もの従業員を雇《やと》っている経営者《けいえいしゃ》は、それどころではありません。「自分の会社が潰《つぶ》れて、何千人あるいは何万人の従業員が路頭《ろとう》に迷《まよ》うかもしれない」という悩みは、「誰かに悪口を言われた」などというようなレベルのものではないのです。

会社の危機《きき》がすぐそこまで迫っていたとしても、大勢《おおぜい》の社員たちは、そのことに、なかなか気づきませんが、経営者は、「このままでは会社が危《あぶ》ない」ということを知っているものなのです。

この章のもとになる説法を行ったのは二〇一〇年一月三十一日ですが、ちょうどそのころ、某《ぼう》航空会社は、会社更生法《こうせいほう》の適用《てきよう》を申請《しんせい》していました。なぜなら、同年一月末に、百億円の資金《しきん》ショート（不足）を起こす見通しだったからです。

「資金が足りなくなる」ということは、「倒産《とうさん》する」ということです。すなわち、「リースをしている飛行機が差し押《お》さえられる」「飛行機の給油ができなくなる」「従業員の給料が払《はら》えなくなる」等の事態が起きる寸前《すんぜん》だったのです。

その航空会社は、公的援助《えんじょ》が入らなければ、百億円がショートするところだったので、急いで会社更生法適用を申請したのでしょう。

その場合、経営陣《じん》は大変です。もちろん、自分たちが辞《や》めなければいけないのは当然ですが、約五万人いる従業員のうち、三分の一の人に辞めてもらわなければいけない状況《じょうきょう》になったわけです。当時の経営陣は、夜も眠《ねむ》れなかったでしょう。

このように、立場が上がると、他人から批判や悪口を言われたとしても、そのことを、いちいち考えてはいられません。悩みのスケールが大きくなり、「大勢の人たちをどうするか」ということで悩むようになるのです。

こうしたことを考えると、「今、自分が悩んでいることは、トップの悩みに比《くら》べると、かなりスケールが小さい」ということが分かるのではないでしょうか。

もちろん、私は、「自分への批判や非難《ひなん》、悪口は完全に無視しなさい」と言っているわけではありません。その批判が、ある程度、当たっているものであれば、自分の向上に役立てるように使うべきです。それが最も生産的な方法です。

自分に対する批判が当たっている場合は、それを受け入れ、「自分を向上させる方向に使えないかどうか」を検討《けんとう》してみることです。これが一つです。

もう一つは、「批判に対して傷つきすぎない。傷を長く引っ張らない」ということです。それを引っ張りすぎることは罪であり、暇な証拠です。もっと前向きなことや積極的なことを考えていれば、いつまでも、そんなことにこだわってはいられないものなのです。

九十九パーセントの人は、あまりにも小さなことや、どうでもよいようなことのために、悩んだり、苦しんだり、喧嘩《けんか》をしたりしています。岡目八目と言いますが、一度、自分のことはさておいて、ほかの人のことを見てみてください。そうすれば、そのことがよく分かると思います。

人というのは、家庭内の些細《ささい》な出来事や、職場でのちょっとした行き違い、他人のちょっとした言葉や行動などで傷つくものです。

「今、自分が悩んでいることは、つまらないトリビア（瑣末事《さまつじ》）である」と見抜いたならば、トリビアはトリビアらしく、扱《あつか》わなければいけません。「ゴミ箱に捨《す》てるべきものは、ゴミ箱に捨てなければいけない。それを、宝物《たからもの》のように、後生《ごしょう》大事に持っていてはいけない」ということです。

悩みのうち一パーセントは、トリビアではなく、重要なものでしょう。それについては、しっかりと考えなければいけませんが、九十九パーセントは、取るに足らないものなのです。そのことを述《の》べておきたいと思います。

2 経済問題《けいざい》によるストレス

「お金が足りない」という悩《なや》みは人間特有のもの

精神論《せいしんろん》だけではいけないでしょうから、他の面についても述《の》べたいと思います。

前述《ぜんじゅつ》したアンケートによると、人間関係のストレス以外では、「金銭《きんせん》や経済《けいざい》面での悩《なや》みでストレスを感じている」という人も、ずいぶん多くいました。

ただ、「十分なお金が手元になくて苦労する」という手元不如意《ふにょい》の悩みは、今に始まったことではなく、人類の歴史の大半は、そういう状態《じょうたい》でした。つまり、「お金が余《あま》って困《こま》っている」という時代はほとんどなく、人類の歴史の九十九パーセントは、「毎日、食べることができれば、それだけでありがたい」という食うや食わずの時代だったのです。豊《ゆた》かな時代は、本当に一パーセントあるかないかです。

したがって、経済的な問題は、宇宙《うちゅう》から急に隕石《いんせき》が落ちてきて、自分だけに当たったようなものではありません。どうか、そのように考えてください。

そもそも、経済問題は、人間特有の悩みと言ってよいでしょう。自然界を見れば分かるとおり、動物たちは、お金を一円も儲《もう》けることができません。もしかしたら、タヌキは木の葉を千円札に変えられるかもしれませんが、基本《きほん》的に、動物たちは経済活動ができないのです。

たとえ、犬が人間の仕事を手伝ったとしても、餌《えさ》として、ご飯の残り物ぐらいはもらえますが、お小遣《こづか》いをもらえるわけではありません。それは、知能《ちのう》が高く、賢《かしこ》いと言われるカラスやイルカでも同じです。どこの会社も動物など採用《さいよう》してくれないのです。

もちろん、警備犬《けいびけん》や盲導犬《もうどうけん》など、人間を助ける仕事をしている動物も、多少はいます。しかし、飼《か》い主の懐《ふところ》にお金が入ることはあっても、彼らの懐には入ってきません。

このように、動物たちは、会社に勤《つと》めることも経済活動もできないのです。

その一方で、ほとんどの動物は、人間が持っているような複雑《ふくざつ》な病気にはかかりません。人間は、いろいろなストレスにより、精神的に病気を起こしています。現代病《げんだいびょう》のほとんどは、精神的なものに起因しているのです。

動物たちは、薬もなく、自然治癒《ちゆ》能力でもって病気や怪我《けが》と闘《たたか》っています。

彼らは、おそらく、寒さやひもじさ、あるいは殺される危険《きけん》などに対するストレスは感じているでしょうが、人間のように、複雑なストレスによって病気を起こしたりすることはありません。例えば、「投機で失敗をして十二指腸潰瘍《じゅうにしちょうかいよう》になる」「株《かぶ》が〝紙切れ〟になって胃潰瘍になる」「昇進《しょうしん》が不利になって自殺をする」

などということは、動物にはないのです。

動物たちは、経済活動ができませんが、その代わり、人間のように、精神的な病気をつくることもないし、発狂《はっきょう》もしないし、自殺もしないわけです。

結局、そうしたものは、心の世界で起きている〝事件《じけん》〟が現象化していることが多いのです。

貧《まず》しさをバネに、「セルフ・ヘルプの精神《せいしん》」を身につけた私

経済面については、なかなか満足のいかないことが多いだろうと思います。

私も、若《わか》いころには、お金がなくて困ったものです。私の家庭は、それほど豊かではなかったのです。

父は、私が生まれたころ、会社を倒産《とうさん》させてしまったため、その後、二十年以上も借金を背負《せお》うことになりました。そのため、生活は困窮《こんきゅう》を極《きわ》め、金銭面で、

かなり厳《きび》しい〝締《し》め上げ〟があったことを覚えています。

ただ、私は、そのこと自体が悪だったとは思いません。

世の中には、「自分が貧《まず》しいのは、親が経済的にうまくいかなかったからだ。その証拠《しょうこ》に、よその金持ちの子はやはり金持ちになり、なかには、首相になった者もいるではないか」などと言う人もいるでしょう。確《たし》かに、お金の効《き》き目というものはあります。

私の親は、もちろん、某《ぼう》元首相の母親のように、毎月一千五百万円もの〝小遣い〟をくれるような親ではなく、仕送りとして月に何万円か送ったことを恩着《おんき》せがましく言うこともある人でした。しかし、私は、貧しいことを親のせいにはせず、あくまでも、「経済的な力をつけていくのは、自分自身の問題である」「親からチャンスを与《あた》えてもらえれば、それで十分である」と考えていたのです。

やはり、二十歳《はたち》から先の人生は、自分自身の勉強や努力、才覚でもって世を渡《わた》っていかなければなりません。

そのように、若いころの私は貧しかったのですが、自分では、「セルフ・ヘルプ（自助努力）の精神《せいしん》が身についてよかった」と考えています。貧しさが、努力するための原動力のようになっていたのです。某元首相のように一千五百万円もの小遣いをもらわなくて、本当によかったと思います。そんなにもらっていたら、働く気力が起きなかったことでしょう。

特に、大学生のころには、「何としても、自分が働かなければならない」という気持ちが強くありました。当時、父の定年退職《たいしょく》が近づいていたのですが、兄は働いておらず、収入《しゅうにゅう》がない状態でした。京都大学の哲学科《てつがくか》に在籍《ざいせき》していた兄は、哲学者を気取ってフラフラしていたのです。

そのため、私は、「弟である自分が経済力をつけないかぎり、一家は破滅《はめつ》するだろう」と予想し、少しでも給料の高そうなところを選んで就職《しゅうしょく》したわけです。

それは一種のあきらめではありましたが、逆《ぎゃく》に、それが自分にとってチャンスになったのも事実です。逆境《ぎゃっきょう》をチャンスに生かしたところがあったと思います。

私としては、自分を最も生かせるというか、チャンスを最も生かせるところを選び、就職したつもりでしたが、周りからは、けっこう非難囂々《ひなんごうごう》でした。

ただ、私の入った会社は、短期間ながらも、私に帝王学《ていおうがく》を教え、社長学入門を身をもって経験する機会を与えてくれました。会社側は、まさか、私が退社するとは思っていなかったでしょうが、実は、社長学を身につけて退社独立《どくりつ》したことが、宗教《しゅうきょう》をつくるに当たって、たいへん役に立ったのです。

私が勤めていた商社では、新入社員が入ると、普通《ふつう》、鉄鋼《てっこう》やマンション開発、カリフォルニアからのオレンジの輸入《ゆにゅう》など、何か一つの仕事を十年ぐらいやらせて、まずは専門家《せんもんか》をつくっていきます。そのため、普通の社員の場合、会社全体が見えるようになるまでに、何十年も時間がかかるのです。

ところが、私の場合、会社側は最初から私を重役に育てるつもりでいたため、他の人とは違《ちが》って、毎年のように異動《いどう》を重ねていきました。そのため、短期間の間にいろいろなものを吸収《きゅうしゅう》することができたのです。

両親が貧しかったおかげで働く気力が湧《わ》き、その結果、こうしたチャンスが与えられたことを、本当にありがたく思っています。

大学生のときには、「大学に残って研究者になろうか」と思ったこともありますが、食べていく道がどうしても見えなかったため、給料が高いほうに行かざるをえませんでした。しかし、それが功《こう》を奏《そう》して、今、私は、教団《きょうだん》の運営《うんえい》ができるようになっているのです。

現在、当会は、地球レベルで支部《しぶ》の展開《てんかい》等を行っていますが、「地球儀《ぎ》を見ながら活動する」「地球全体に仕事を広げていく」というのは、もともと私が行《おこな》っていたことです。当会の活動も、かつての自分が携《たずさ》わっていたような世界に、今、ようやく視野《しや》が広がってきつつあるように思っています。

「人々の役に立つ仕事」を心掛《こころが》ければ、経済《けいざい》は好転する

お金は天から降《ふ》ってきません。以前から、『繁栄思考《はんえいしこう》』（幸福の科学出版刊《しゅっぱんかん》）などの著書《ちょしょ》で何度も述べているように、この世の中では、世間《せけん》様から見て、お役に立つ仕事をしていれば、それなりの経済《けいざい》的な報酬《ほうしゅう》が与えられるようになっています。必ず、そうです。しかも、業種を問わず、そうなのです。

つまり、自分の収入額《がく》を決定しているのは、自分自身ではなく、周りの人たち、あるいは、お客様など、世間一般《いっぱん》の人たちなのです。

例えば、不況期《ふきょうき》であっても、商売が繁盛《はんじょう》しているところと、繁盛していないところが出てきますし、同じ会社のなかでも、収入が増《ふ》える人と増えない人が出てきます。それを決めているのは、自分ではありません。周りの人たちが、そのよ

うに決めてくださるわけです。

したがって、お金を儲けようとして、あがく必要など全然ありません。多くの人の役に立つ仕事を常《つね》に心掛《こころが》けることです。「多くの人の笑顔や幸福な姿《すがた》を見ることを喜びとする。そうしたことを、自分の仕事の延長上《えんちょうじょう》に見いだす」というような努力をすることが大事です。「人々の役に立ち、人々から感謝《かんしゃ》されていて、経済的な報酬がない」ということはありえないのです。

「自社の商品やサービスはこんなによいのに、売れないのはおかしい」と言うのは勝手ですが、やはり、世間の目は厳しいものです。

また、「不況だから潰れた」という言い訳《わけ》をよく聞きますが、同じ通りや繁華《はんか》街《がい》にあっても、「潰れるところあり、潰れないところあり」です。お客が減《へ》って潰れるところがある一方、お客が増えているところもあるのです。

本当に不思議なことですが、この事実に対しては謙虚《けんきょ》でなければならないと思います。

経済問題については、個別《こべつ》具体的なことを深く考えすぎる必要はありません。世間様のお役に立つような仕事を常に心掛けていれば、どのような職場にいても、みなさんの経済状況は好転します。そして、今いる会社のなかで、自分の持っている能力や才能を生かし切れなくなった場合には、必ず、新天地が開けるようになっています。世の中というのは、そのようなものなのです。

見る人は、必ず見ています。人々の役に立つ仕事をしていれば、みなさんに、もっと大きな仕事をさせるべく、しかるべきときに、しかるべき手を伸《の》ばして引っ張《ぱ》ってくれる人が、必ず現《あらわ》れてくるのです。

繰《く》り返しますが、経済的な問題については、一過性《いっかせい》のものがあったとしても、あまり深く悩みすぎる必要はありません。人様のお役に立つことを心掛けながら、その結果については、大いなるものに委《ゆだ》ねて、祈《いの》ってください。そうすれば、必ず道は開けてきます。

私は、ここ数年、「経済繁栄の法」や「経営の法」なども、かなり説いています。そのせいか、最近、幸福の科学の信者が経営している真理企業《きぎょう》が、売り上げ等の伸び率《りつ》が著《いちじる》しい企業として、よくテレビ等で紹介《しょうかい》されているようです。この不況期に、安売り戦略《せんりゃく》で勝《か》っているところもあれば、逆に、高付加価値《かち》戦略で勝っているところもあります。

私が説いている「経営の法」を縦横無尽《じゅうおうむじん》に使って、いろいろな戦い方をすることにより、不況期という逆風のなか、追い風を受けて発展している企業がたくさんあるのです。

ビジネスの世界においても、「自分の会社が大きくなることによって、世界をユートピアに変えていく原動力の一助になりたい」という高い志《こころざし》を持っていると、その志は必ず人々に伝わり、協力者が大勢《おおぜい》出てくるものです。そのように思ってください。

3　老後の心配を取り除《のぞ》くには

さて、読者のみなさんのなかには、自分の老後を心配している人も大勢《おおぜい》いらっしゃることでしょう。

「人生における最大の恐怖《きょうふ》とは何か」と言えば、最後は、死ぬことぐらいしか残りません。生きている人間の最大の恐怖は、死ぬことなのです。

私は、死ぬことの意味や死んだあとのことについて、十分に教えを説いています。したがって、最大の恐怖はすでに取り除《のぞ》かれているのです。

みなさんは、真理を学ぶことによって、「死ぬことへの恐怖」や「死んだあとに地獄《じごく》で苦しむことへの恐怖」を乗り越《こ》えることができるはずです。そのための方法は、すでに与《あた》えられています。当会では、最大の恐怖に対する対策《たいさく》は、すでに立っているのです。

「人生において、いちばん怖《こわ》いのは『死』であり、それ以外のものは、それより軽い恐怖である」と思えば、あらゆる恐怖を乗り越えていくことが可能《かのう》になるだろうと思います。

みなさんのなかには、「自分には、身寄《みよ》りが少なく、経済的《けいざい》な支《ささ》えもないので、老後は、もしかしたら、何十年も大変な目に遭《あ》うのではないか。ホームレスに近い状態《じょうたい》で放置されるのではないか。病気になっても治療《ちりょう》を受けられず、苦しみながら死ぬのではないか」など、いろいろと想像《そうぞう》して苦しんでいる人もいらっしゃるかもしれませんが、そのような心配は要《い》りません。

深い信仰心《しんこうしん》を持ち、ピンピンコロリ（元気でピンピンしている人が、ある日突《とつ》然《ぜん》、苦しむこともなくコロリと亡《な》くなること）を祈《いの》っていれば、神様が適当《てきとう》なときに引き上げてくれます。天上界《てんじょうかい》から見て、「あの人は、あまり長く地上に置いておかないほうがよい。もう引き上げるべきだ」ということになれば、適当なときにコロッと逝《い》けるようにしてくれるのです。

そうすれば、経済的にほとんど悩《なや》まなくてよい状態で死ぬことができるので、ある意味では、葬式代《そうしき》だけを残しておけばよいわけです。たとえ葬式代を残せなかったとしても、最後は、カンパを募《つの》ればどうにかなるものです。

どうか、そんなに心配しないでください。「長生きをしたら、苦しい老後が待っているのではないか」などと、あまり心配しなくてよいと思います。

あとは、当会の「百歳《さい》まで生きる会」などに参加し、法友《ほうゆう》（真理を共に学ぶ仲間）をしっかりつくっておけば、何かのときには、みなが助けてくれます。当会の信者になれば、老後については、そんなに心配しなくてよいでしょう。

郵便はがき

料金受取人払郵便

赤坂局承認

7320

差出有効期間
2025年10月
31日まで
(切手不要)

1 0 7 - 8 7 9 0

112

東京都港区赤坂2丁目10—8
幸福の科学出版(株)
読者アンケート係 行

ご購読ありがとうございました。お手数ですが、今回ご購読いただいた書籍名をご記入ください。

書籍名

フリガナ お名前	男・女	歳
ご住所 〒 都道府県		
お電話( ) —		
e-mail アドレス		
新刊案内等をお送りしてもよろしいですか? [はい(DM・メール)・いいえ]		
ご職業 ①会社員 ②経営者・役員 ③自営業 ④公務員 ⑤教員・研究者 ⑥主婦 ⑦学生 ⑧パート・アルバイト ⑨定年退職 ⑩他( )		

プレゼント&読者アンケート

皆様のご感想をお待ちしております。本ハガキ、もしくは、
右記の二次元コードよりお答えいただいた方に、抽選で
幸福の科学出版の書籍・雑誌をプレゼント致します。
(発表は発送をもってかえさせていただきます。)

1 本書をどのようにお知りになりましたか?

2 本書をお読みになったご感想を、ご自由にお書きください。

3 今後読みたいテーマなどがありましたら、お書きください。

ご感想を匿名にて広告等に掲載させていただくことがございます。
ご記入いただきました個人情報については、同意なく他の目的で使用することはございません。

ご協力ありがとうございました!

4　ストレスから心を解放《かいほう》させるポイント

「値段《ねだん》が付かない生き方をしている自分」に気づく

世の中には、「今、自分は何も持っていない。財産《ざいさん》などまったくない」と言う人も多いのですが、そんなことはありません。人は誰《だれ》しも、たくさんのものを持っています。

例えば、人間関係がそうです。前述《ぜんじゅつ》したように、人間関係が悩《なや》みの種になることもありますが、自分を助けてくれるような人間関係も、みなさんは、たくさん持っているのではないでしょうか。

また、肉体だってありがたいものです。現在《げんざい》、臓器移植《ぞうきいしょく》が流行《はや》っているため、発展途上国《はってんとじょうこく》のような貧《まず》しい所では、親が、自分の子供《こども》の腎臓《じんぞう》や眼など、体の一部を売ったりしています。あるいは、自分の子供が、一生、乞食《こじき》として食べていけるように、親があえて子供の片手《かたて》を切り落とすケースもあります。

一方、日本やアメリカのような豊《ゆた》かな国に住む人の場合は、どうでしょうか。「あなたの両腕《りょううで》を売ってほしい」と言われたら、いくらで売りますか。「腕一本を一億円として、二本を二億円で売ってくれないか。ついでに両足も売ってくれないか。両手両足を四億円でどうだろうか」と言われても、そう簡単《かんたん》には売らないでしょう。

つまり、みなさんの手や足は、それ以上の価値《かち》を実際《じっさい》は持っているわけです。「自分の足で歩け、自分の手でご飯が食べられて、仕事ができる」ということは、ありがたいことなのです。

また、「あなたの右眼を売ってほしい」「あなたの脳《のう》を売ってほしい」と言われたら、いくらで売りますか。やはり売りたくはないと思います。いくらお金を積まれても、そう簡単には売らないでしょう。

ちなみに、医学がもっと進んだならば、いつか、「脳の入れ換《か》え」ができるようになるかもしれません。

例えば、「自分の脳の悪いところを一部取り去って、頭のよい人の脳に入れ換えたら、記憶力《きおくりょく》がよくなるので、受験前には脳の移植が流行る」という時代が来るかもしれません。今の医療技術《いりょうぎじゅつ》の進歩から見ると、一世代もしたら、そういう時代が来る可能性《かのうせい》はあると思います。

「親である自分の出来から見て、どうせ、うちの子供は生まれつき頭が悪いに違《ちが》いない。ただ、お金はあるから、自分の子供の脳を、秀才《しゅうさい》の家系《かけい》の子供の脳に入れ換えたい」というようなことが可能になるかもしれません。

しかし、どんなにお願いしても、脳は、そう簡単には売ってくれないと思います。これは値段《ねだん》が付かないものなのです。

要するに、みなさんは、「値段が付かないような生き方」をしています。実際は、いろいろなものに恵《めぐ》まれているのです。

生き物にとって最も大事な空気も、ただで吸《す》うことができます。「一生の間に吸う酸素《さんそ》の代金を払《はら》いなさい」と言われたら大変です。

例えば、国に財源《ざいげん》がないことを理由に、「酸素税《ぜい》」などをつくられたら、もう大変でしょう。「酸素を吸った分だけ、税金を払いなさい。日本領内《りょうない》の酸素は日本の国のものだから、国内で吸った酸素については、国に税金を納《おさ》めなさい」などと言われたら、日本国民は逃《に》げられません（もっとも、国民がゼロになるかもしれませんが）。

太陽の光も、ただです。「太陽の光を浴びたら、一時間につき、いくらお金を払ってください」というようなことにはなっていないのです。

どうか、「人間にとって大事なものは、すでに、ただで与《あた》えられている」ということを忘《わす》れないでいただきたいと思います。

自分のことばかり考えず、他の人の幸福を願う

人間には、やはり、幸福に生きる義務《ぎむ》があります。あるいは、幸福に生きようとする義務があるのです。

幸福に生きるためには、「他の多くの人々を幸せにしよう」と願うことです。そうすれば、幸福になることができます。

自分一人を幸せにしようとしても、なかなか幸福にはなれません。

一方、「他の人を幸福にしよう」と思っている人は、幸せになれます。これが不思議なところですが、自分のことで悩んでいる人は、幸せになれないのです。

それは、傍目《はため》から見ても分かるでしょう。いつも、自分のことばかりを悩み、愚《ぐ》

癡《ち》や不平不満《ふへいふまん》を言ったり、人の批判《ひはん》をしたり、人の粗探《あらさが》しをしたりしている人は、幸福そうには見えないものです。

そのように、自分のことを中心に物事を考えている人は幸福ではありません。逆に、自分のことはあまり考えず、一生懸命《いっしょうけんめい》、ほかの人の世話をしたり、心配をしてあげたりしている人のほうが、実は、幸福であることが多いと言えます。

要するに、マイナスなことや、自分のことを考えている時間が長い人は、あまり幸福ではないのです。

「気がつけば、今日一日、自分のことなど、ほとんど考えなかった。会社のために、宗教《しゅうきょう》活動その他のために、あるいは、ほかの人のために、一日を使った」と思えるような時間が多ければ多いほど、実は、みなさんは幸福な時間を過《す》ごしていると言えるのです。

忙《いそが》しく仕事をする、手早く仕事を片付《かたづ》ける

ストレスを抜《ぬ》くためには、適度《てきど》な休みも必要です。

前述のアンケートには、そのための方法として、寝《ね》ることやマッサージ、ご飯をお腹《なか》いっぱい食べること、適量のお酒を飲むこと等が書いてありました。

これらの世間《せけん》で通用している方法は、ひと通り有効《ゆうこう》であると思います。「休む」ということも、ストレスを抜くための方法の一つであり、事前や事後に、休養を適度に取ることも大事です。

ただ、もう一つ、方法があります。すなわち、細かいことで悩まないようにするためには、「常《つね》に忙《いそが》しくしておく」「常にやるべきことがある状態《じょうたい》にしておく」ということも大事なのです。

例えば、「明日はあれをしなければならないから、今からその準備《じゅんび》をしておこ

う」などと考え、忙しくしていると、余計《よけい》なことで悩んでいる暇《ひま》がないわけです。したがって、常に忙しくしておくことも大事です。暇だと、悩みが大きくなることがあるのです。

ただし、あまりに多くの仕事を抱《かか》えて苦しんでいる場合には、判断《はんだん》速度を速くして、手早く仕事を片付《かたづ》けていくことです。そして、手持ちの仕事をどんどん減らしていき、新しい仕事をいつでも引き受けられるような〝真空〟状態、〝空《から》っぽ〟の状態をつくっていくことです。これは、出世していく方法でもありますが、こういう状態をつくっていけば、悩みは減っていきます。

人間は、仕事を二つ以上抱えていると、たいてい、心が引き裂《さ》かれていきますから、「仕事を手早く片付けていくことが大事である」と述《の》べておきたいと思います。

以上のことを実践《じっせん》し、夜、ぐっすり眠《ねむ》れるようになっていただければ幸《さいわ》いです。

第2章
人間関係向上法

1　ものの見方や感じ方は人それぞれ

人間関係の問題は「ものの見方の違《ちが》い」から始まる

読者のみなさんのなかには、人間関係で悩《なや》んでいる人も多いでしょうし、自分の問題について、個別《こべつ》に答えが聞きたいところでしょう。一人ひとりのニーズは違《ちが》うため、個別に答えたいところですが、私の法話《ほうわ》には人類普遍《ふへん》の法でなければならない面があります。

そこで、本章では、一人でも多くの人の参考になるように、一般論《いっぱんろん》を中心に話をしていきたいと考えています。

人間関係で悩んでいる人たちに、最初に言っておかなければならないことは

「ものの見方」についてです。すなわち、「物事を見るときの見方や感じ方は、本当に人それぞれであり、誰《だれ》もがまったく同じではない」ということです。そして、ここから人間関係の問題のすべてが始まっているのです。

これについて、たとえ話を紹介《しょうかい》しましょう。

アメリカで、アルコール中毒の患者《かんじゃ》たちを更生《こうせい》させる仕事をしている人が、セミナーで次のような実験を行ったそうです。

その講師《こうし》は、まず、コップを二つ用意し、片方《かたほう》には真水《まみず》を入れ、もう片方には、濃度《のうど》の高いアルコールを入れました。そして、水の入ったコップに、ミミズを一匹《いっぴき》入れたところ、ミミズは元気に外へ這《は》い出してきました。そのミミズを捕《つか》まえて、今度は、アルコールの入ったコップに放り込《こ》んだところ、ミミズは、しばらくすると死んでしまったのです。

そこで、セミナーの講師は、アルコール中毒患者に、「みなさん、どうですか。

この実験から何か学ぶことはありますか」と訊《き》きました。

もちろん、その講師は、立場上、「アルコールは、生き物がたちまち死んでしまうほど有害であり、怖《こわ》い毒物でもあるのだ」ということを印象付ける目的で質《しつ》問《もん》したわけです。

ところが、患者の一人から、「アルコールを飲めば、お腹《なか》のなかの虫を殺せることが分かりました」という返事が返ってきたのだそうです。

確《たし》かに、そういう考え方もあるでしょう。「ミミズが死ぬぐらいだから、アルコールを飲んでいれば、お腹のなかの虫も死ぬだろう。常《つね》にお腹の消毒ができてよい」という考え方もあるわけですね。

その実験をした講師は、おそらく、その答えを聞いて、〝ずっこけた〟と思いますが、こういうところから人間関係のすれ違いは起きてくるのです。

「いろいろな見方がある」と知り、寛容《かんよう》さや包容力を持つ

人は、同じ事実を見ても、それぞれ、違った解釈《かいしゃく》をします。特に、手の焼ける人は、エゴイスティックというか、自己《じこ》中心的に物事を考えるようなタイプです。こういう人との人間関係の調整は困難《こんなん》を極《きわ》めます。

アルコール中毒患者の話を笑い話として紹介しましたが、そういう「同じ事実に対して、まったく違う解釈をする人」は現実《げんじつ》にいます。したがって、「好意をもって相手に接《せっ》したとしても、相手がそう受け取らない場合もある」ということを知らなければなりません。

例えば、私たちが、「本当に人を救いたい」という思いで真理を伝道していても、「怪《あや》しげな宗教《しゅうきょう》が自分を罠《わな》にかけようとしているのではないか」というような被害妄想《ひがいもうそう》にかられる人も出てくるわけです。

このように、「ものの見方の違いによって、人間関係が、いろいろと変化してくる」ということが現実にはあるのです。それを、まず知っていただきたいと思います。

ただ、「いろいろな見方がある」ということ自体は許容《きょよう》しなければいけません。「他の人の見方や感じ方は自分と同じではない。同じ事実に対しても、いろいろな見方がありうるのだ」ということを知らなければいけませんし、それを知ることが、その人自身の認識力《にんしきりょく》の大きさ、あるいは、他人に対する寛容《かんよう》さや包容力につながっていくのです。

ところが、「自分の見方がすべてであり、それ以外の見方はないのだ」と思いすぎると、人間関係を向上させていくのは極めて難《むずか》しいと思います。

2　相手の長所を見ていく努力を

長所と交《まじ》われば悪人なし

「世の中を、よりよく生き渡《わた》っていこう。自分の人生を、よい方向に導《みちび》いていこう」と考えるならば、基本《きほん》的には、「他の人の長所やよいところを見る」という性格《せいかく》を強めていくとよいのです。

「長所と交《まじ》われば悪人なし」という言葉もありますが、自分の長所を見てくれる人に対しては、たいていの場合、「いい人だ」「友達だ」と思いますし、「付き合いたい」とも思うでしょう。

一方、自分の欠点ばかりをあげつらってくる人に対しては、やはり、煙《けむ》たく感じるでしょう。「本当にそのとおりだ」と思いつつも、その人からは足が遠のいていくものです。

このように、人間関係を良好にし、友人を増《ふ》やしていくためには、「なるべく相手の長所を見る」という傾向《けいこう》を養うことが大事です。

これは、「自分の人生の方針《ほうしん》として、人のよいところをできるだけ見るように努力しよう」と、心のなかできちんと決めたならば、意外に可能《かのう》なのです。まずは「そうしよう」と思わなければなりません。そして、そう思えば、そのようになっていくのです。

繰《く》り返しますが、努力して相手のよいところを見ていくことです。「この人のなかにも何かよいところや長所があるのではないか」と考え、なるべく、そちらのほうを見てあげることが大切なのです。

ここで、一点、注意してほしいことがあります。

それは、「学校の勉強をしすぎると、頭脳《ずのう》が緻密《ちみつ》になり、細かいことにまで気がつくようになるが、それと同時に、『これは引っ掛《か》け問題ではないか』と考えるような〝緻密さ〟も身につくため、人の粗《あら》や欠点などがよく見えるようになってくる」ということです。つまり、〝頭がよくなる〟と、人の欠点がよく見えるようになるのです。ここが一つの魔境《まきょう》です。

もちろん、管理職《かんりしょく》など、人を指導《しどう》する立場に立ったときには、人の弱点や悪いところが見えることも必要であり、それがまったく見えないようでは困《こま》ります。やはり、「人の短所も見えてはいるけれども、その人の長所を引き伸《の》ばしていこう」としている人が、よい指導者なのです。

人の欠点や弱点がまったく見えない指導者にも、また、それなりに困るので、そういう指導者であってはいけないわけです。

ただ、頭がよくなることにより、人の弱点や悪いところばかりが見えてきて、とにかく人の粗を探《さが》すような傾向が出てくると、人間としては、嫌《きら》われるようになっていきます。これについては、人から言われないと、なかなか気がつかないものです。

特に、若《わか》い人の場合には、そういうところがあります。頭脳が緻密になればなるほど、人の欠点や弱点が見えてくるようになり、特に理数系《けい》的な頭脳が発達すると、細かな間違《まちが》いがよく分かるようになります。しかし、そういう人と友情《ゆうじょう》を結ぶのは、なかなか難《むずか》しいのです。

そういう傾向のある人は、「自分にも、間違ったり、失敗したりすることがある。そういうときに、それを許《ゆる》し、受け入れてくれる人がいるのはありがたいものだが、それは他の人にとっても同じなのだ」ということを知らなければならないと思います。

人間関係にまつわる私の体験談

これに関して、私の体験談を紹介《しょうかい》することにしましょう。

それは、会社時代の友人にまつわる話です。その人は、私と同じ東京大学の卒業生であり、英語が得意だったため、休日には、いつも英会話喫茶《きっさ》に通っていました。

当時、東京の恵比寿《えびす》あたりに、「店内に入ったら、英語しか話してはいけない」という喫茶店があり、安い値段《ねだん》で英会話が長時間できるため、彼は、休日になると、いつもその喫茶店に入り浸《いびた》っていました。

ある日、私は、彼から、「英会話喫茶に行かないか」と誘《さそ》われました。私は行きたくなかったのですが、無理やり、連れていかれたところ、「そこで知り合った」という、彼の彼女を紹介されたのです。二人は、すでに婚約《こんやく》しており、近々、結婚する予定とのことでした。

彼は、私のことを、「親友だ」と言って彼女に紹介し、三人で話をしていたのですが、その話の途中《とちゅう》で友人がトイレに立ったとき、彼の婚約者が私に質問《しつもん》をしてきたのです。

「あなたは彼の親友なのでしょう？　私は、彼と結婚する前に、彼のよいところも悪いところも全部知っておきたいので、彼の悪いところを教えてください。彼のよいところを言ってくれる人はいるけれども、悪いところを言ってくれる人はいません。親友であれば、彼の欠点も一通り知っているでしょうから、それを、ぜひ教えてほしいのです」

私は、子供《こども》時代から、「トーキング・ストレート」というか、わりに率直《そっちょく》にものを言うタイプでした。また、「相手が知りたがっているのだから、教えなければ悪いし、嘘《うそ》を言ってはいけない」とも思ったので、正直《しょうじき》に答えたのです。

「彼の欠点は、まず、人が話をしているときに、話の腰《こし》を折って割《わ》り込《こ》んでくることだ。あの悪い癖《くせ》は直さなければいけない。

それから、彼にはバイタリティーがない。すぐに疲《つか》れて伸びてしまう。あれでは駄目《だめ》だ。もう少し体力が必要だ。

さらに、彼は酒癖《さけぐせ》が悪い。毎晩《まいばん》、お酒を飲んでいる。結婚しても、会社帰りにお酒を飲み、家に帰ってこなくなるかもしれないので、酒癖については少し気をつけないといけない」

友人の婚約者は、私の話を、「なるほど。なるほど」と、うなずきながら聴《き》いてくれていました。

ところが、私が二人と別れたあと、彼女は、私の友人に、「あんな人とは親友でいるのをやめてしまいなさい。あの人とは絶交《ぜっこう》すべきよ。親友のくせに、あなたの悪口をあんなに言うなんて、許せない」と言ってきたそうなのです。

私は、まさか、そんなことを言われるとは思っていなかったため、驚《おどろ》いてしまいました。

欠点をストレートに指摘《してき》すると、人間関係で失敗しやすい

私が、友人に、「『欠点を教えてほしい』と求められたので、言ってしまったのだ」と言うと、彼は、「親友であるならば、そういうときには、欠点のように見せながら、長所を言うものだ」と言ったのです。確《たし》かに、そうかもしれません。

例えば、「酒癖が悪く、毎晩お酒を飲んでいる」ということについては、「彼は付き合いがよすぎる」という言い方にすればよかったのでしょう。「付き合いのよすぎるところが欠点かな」などと言えば、彼がよい人であるように聞こえるからです。

また、「話の腰を折って、口を挟《はさ》んでくる」ということについては、「彼は会話

能力が非常《ひじょう》に高い。英語ができるだけあって、ものすごく口が立つ」という言い方にすればよかったのかもしれません。

さらに、「バイタリティーがない。体力がなくて、すぐにばてる」ということについては、「集中力が高いからだ」という言い方にすればよかったわけです。

私は、「彼の欠点を教えてほしい」と言われたので、欠点と思われることをストレートに言ってしまったのですが、そのために、「もう、あの人と付き合うのはやめなさい」と言うほど、友人の婚約者を怒《おこ》らせたわけです。これには、さすがの私も肝《きも》を冷やした覚えがあります。

要するに、「世の中には、正直であれば成功するとは限《かぎ》らない面があり、世間《せけん》の人間関係においては、多少の〝緩衝材《かんしょうざい》〟が必要である」ということです。

特に、初対面、ないしは、それに近いような人と話す場合には、少し〝緩衝材〟を用意しなければいけませんし、「相手が求めているものは何なのか」ということを考えた上で話さないといけないでしょう。

この経験《けいけん》を通して、私は、「相手の言うことを、そのまま受け取るだけでは、いけないのだ」と感じました。

私は、若いころから頭の回転が速かったため、「欠点を挙げてほしい」「間違っているところを教えてほしい」などと頼《たの》まれると、簡単《かんたん》に、それを指摘することができたのです。

しかし、このような経験をしてからは、「どうやら、これは自慢《じまん》にならないらしい」ということが、だんだん分かってき始めました。

「他人の欠点や弱点に関しては、適度《てきど》に〝ぼけている〟ほうがよいらしい。たとえ、それに気づいたとしても、見て見ぬふりをするというか、よく分かっていないような態度《たいど》で接《せっ》するべきだ。逆《ぎゃく》に、相手のよいところや素晴《すば》らしいところについては、すかさず、『ここが素晴らしいね』などと言って認《みと》めてあげることが、人間関係にとってはプラスになるのだ」

そういうことが次第《しだい》しだいに分かるようになっていったのです。

若い人が人間関係で失敗する場合、相手の欠点などをストレートに指摘していることが多いので、気をつけたほうがよいでしょう。

他人の悪口を言ってしまったあとで、そのことを後悔《こうかい》し、悩《なや》むこともあるでしょうが、それは、「性格が本当に悪くて悪口を言う」という場合だけではありません。つまり、頭の回転が速く、人を分析《ぶんせき》する能力が高いために、相手の欠点や弱点が分かってしまう場合があるのです。

そのように、認識力《にんしきりょく》が高いと、相手の足りないところなどが分かってしまうことがありますが、やはり、「時」と「場合」と「相手」をよく見て話をしなければいけません。これを間違えると、人間関係に亀裂《きれつ》が入る原因《げんいん》になるので、気をつけなければならないのです。それを述《の》べておきたいと思います。

人間関係を向上させるためには、基本的に、相手の長所のほうに目を向ける努力をしたほうがよいでしょう。長所をよく見てあげる一方、弱点については、あまり追及《ついきゅう》せず、ぼんやりと緩《ゆる》やかな目で見てあげるほうがよいと思います。

相手の欠点や弱点を知らないよりは、知っておいたほうがよいのですが、それに気づいたとしても、緩やかに見ていくように努力をしたほうがよいのです。

相手をほめるときの注意点

ただ、これについては、もう一歩、踏《ふ》み込んで述べておかねばならないことがあります。

それは、「相手の長所を見て、それをほめてあげることは大事だが、その心のなかに、『相手を利用しよう』という気持ちが入っていると、しばらくの間はうまくいったとしても、いつか必ず人間関係が破綻《はたん》し、失敗する」ということです。

相手をほめれば、向こうは、とても喜ぶため、その人と仲良くなっていけるのですが、相手を何かに利用するつもりでほめている場合には、あとで必ず滝《たき》からダーンと落ちるように失敗するのです。

要するに、「相手をほめる」といっても、それが不正直なものや虚偽《きょぎ》に当たるようなものになってはいけないわけです。あるいは、相手から自分がよく思われたいがために、おべっかを使うのも、間違いに当たります。それを知っていただきたいと思います。

例えば、「〇〇原理」とよく言われる、ある新宗教《しんしゅうきょう》の信者《しんじゃ》は、話をすると、よくこちらをほめてくるのですが、その言葉のなかに嘘《うそ》が入っている場合がありま す。つまり、「信者にしたくて、ほめているだけ」ということもあるのです。そのため、あとから、ほころびが出てくることもよくあります。

このように、別の目的があってほめている場合や、相手を利用しようとする気持ちがあってほめている場合には、あとで失敗することがあるので、気をつけなければいけません。

最初は、ほめ言葉でもって誰《だれ》かを引っ掛けることができたとしても、やはり、どこかで、「この人は、何か違う目的があって、あるいは、私を利用しようとして、ほめていたのだな」ということが、ばれてしまい、最後には人の心が離《はな》れていきます。このあたりの加減《かげん》については気をつけなければいけないでしょう。

したがって、本心からほめなければいけません。「ここが素晴らしい。ここがよいところだ」と思う部分については、本心からほめることが大事であり、相手を利用しようとして、ほめすぎてはいけないのです。ここを理解《りかい》して押《お》さえておかないと、人間関係で間違いを生み、あとで苦しむことになります。

ほめた相手から、「最初は、あれだけほめてくれたのに、その後の対応《たいおう》が全然違うではないか。どうしてくれるのだ!」というように開き直られ、その人との仲がすごく悪くなることがよくあるわけです。

やはり、相手をほめるときには、うわべでほめるのではなく、本心から思ったことを言うべきです。「相手を利用しようと思わないことが大事である」と述べておきたいと思います。これも人間関係をよくするための方法の一つです。

3　適度《てきど》な距離《きょり》を取りながら付き合う

エゴイストに注意を与《あた》えるときには「遠回し」に

本章の冒頭《ぼうとう》で、「アルコールを飲めば、お腹《なか》のなかの虫はみんな死んでしまうため、お腹の消毒ができてよい」と考えた人の話を紹介《しょうかい》しましたが、実際《じっさい》に、人と付き合っていて問題になるのは、このアルコール中毒患者《かんじゃ》のように考えるタイプの人、つまり、エゴイスト（利己主義者《りこしゅぎしゃ》）です。こういう人との付き合いが、いちばん難《むずか》しいのですが、これを避《さ》けられないことも多いのです。

このタイプの人の場合、考え方が非常《ひじょう》に強く固まっているため、考え方を変えさせるのは、とても難しいと言えます。また、このタイプの人は基本的《きほん》にプライドの塊《かたまり》です。そのため、自分で自分の間違《まちが》いに気づかせないと、なかなかうまくいきません。

他の人から、「あなたは、ここが間違っている」と注意されたとき、「そうですか。分かりました」と言えるようなタイプの人は、そもそもエゴイストではないのです。

曲がった考え方を必ずするタイプの人は、エゴイスティックな傾向《けいこう》を持っており、真正面から批判《ひはん》されても、自分の間違いをなかなか認《みと》めようとしないため、こういう人に対しては、遠回しに注意を与《あた》え、本人に気づかせるようにすることが大事です。

つまり、自分自身で間違いを発見し、考え方を変える分には、別に構《かま》わないわけです。したがって、その人が、「ああ、こういうことをしたら、ちょっとまずいかもしれない」というようなことを、自分自身で気づくように持っていけばよいのです。そうすれば、誰《だれ》も傷《きず》つきません。

しかし、そういう人を強く説得し、「すみませんでした。以後、二度とこんなことはしません」と謝《あやま》らせて、小さな子供《こども》のように頭を下げさせるようなことをしたならば、その後の人間関係がうまくいかなくなることが多いのです。

特に、プライドが高い人に対して、そこまでさせてしまうと、その人があとで〝暴《あば》れる〟ことがあるため、「なるべく、自分自身で間違いに気がつくように、遠回しにヒントを与えてあげる」というやり方をとるのがよいでしょう。

これは、なかなか高等なやり方ですが、実際に、こうした接《せっ》し方をしなければ、プライドの高い人と付き合うのは難しいものです。

考え方を押《お》し付けてくる人から自分を守ることも必要

また、エゴイスティックな人の場合、曲がった考え方をするだけではなく、自分の考え方を他の人に押《お》し付けてくることもよくあります。

例えば、前述《ぜんじゅつ》したアルコール中毒患者であれば、おそらく、「今日、講師《こうし》が言ったことは、要するに、『アルコール中毒患者であれば、お腹の消毒ができない』ということだ」と考え、周りの人に、「胃のなかのピロリ菌《きん》を殺したかったら、アルコールを毎日飲みなければいけない」と言い続けることでしょう。

そのように、「自分の考え方を押し付けてくる人に対して、どう対処《たいしょ》するか」という問題もあります。

一定の考え方を押し付けてきて、こちらの意見を聴《き》いてくれない人に関しては、やはり、距離《きょり》の取り方を勉強しなければいけないでしょう。

人間関係というものは、自立した人たちが、適度《てきど》な距離感を持って付き合うときに、うまくいくことが多いのです。逆《ぎゃく》に言えば、「一方が他方に完全に依存《いぞん》するような関係」や、「一方が他方をいつも完全に〝やっつける〟ような関係」は長く続きません。

例えば、漫才《まんざい》においては、「ボケ」と「ツッコミ」という関係があっても構わないでしょう。「一方がツッコミを入れ、他方は、やられてばかりいる」という漫才は、見ていて面白《おもしろ》いのですが、現実《げんじつ》の社会では、そのような人間関係には長く続かない傾向があります。

したがって、「自分と合わない考え方を押し付けられて、つらい」という場合には、ある程度《ていど》、自分を守らなければいけません。

すなわち、「ここまでは構わないけれども、ここから先は自分自身の領域《りょういき》であり、〝自治区〟である。ここは自分の考えとして変えられない」というところは、やはり、守らなければいけません。そして、それ以外の領域については、自由に意見交換《こうかん》をしても構わないわけです。

自立した人同士が、適度に一定の距離を取りながら付き合うことが、人間関係を長く続ける秘訣《ひけつ》なので、相手の考え方の固さというか、固まり具合を見て、その人との付き合い方を決めていかなければならないのです。

「どこまで相手の好意に甘《あま》えてよいのか」という加減《かげん》を知る

また、田舎《いなか》の人には親切なところがあり、最初は、「どうぞ、どうぞ」と言って、接待してくれることがよくあります。ところが、「本当に歓迎《かんげい》されているのか」と思って、勧《すす》められるままに接待を受けていると、その裏《うら》で、「あの人は、ずうずうしいわね」と言われることが、いくらでもあります。

このへんの加減《かげん》を知らない人は、「どうぞ、どうぞ」と言われると、「はい、はい」と言って、素直《すなお》に受けてしまいます。

例えば、「お昼ご飯を食べていきなさい」と勧められると、「ああ、そうですか」と言って食べ、さらに、「晩《ばん》ご飯も食べていってください」と勧められると、「ああ、そうですか」と言って、本当に食べてしまうのです。しかし、あとで、「まあ、二食も食べて帰るなんて、ずうずうしい人だ」などと言われたりするわけです。

そのため、人間関係においては、そのあたりの加減を知らなければいけません。

京都では、お客さんに帰ってほしい場合、「お茶漬《ちゃづ》けでも食べませんか」と言うことがあります。この話法を知らない人は、「では、頂《いただ》きます」と言って、本当に食べてしまうのですが、こう言われた場合、それは、「帰ってください」という意味なのです。京都の人々は、こういう婉曲《えんきょく》的な話法を使っているわけです。

それを知らない人は、「京都の漬物《つけもの》でお茶漬けとは、おいしそうだな」と思い、愚《おろ》かにも本当に食べてしまいます。

京都の人は上品なので、本当にお茶漬けを食べたとしても、文句《もんく》は何も言いません。「この漬物は、なかなかおいしいでしょう?」とか、「このお茶は宇治茶《うじちゃ》なんですよ」とか言うでしょうが、それを鵜呑《うの》みにしてはいけないのです。

「お茶漬けを食べていきませんか」と言われたら、それは、「帰ってほしい」という意味だと理解《りかい》し、「いいえ。そろそろ、おいとましなければいけない時間です」と言って、帰らなければいけないわけです。

このあたりの加減には、とても難しいものがあります。

4　人間関係を向上させる三つの視点《してん》

「ものの見方は人によって違《ちが》う」ということを知る

ここまでに述《の》べてきたことを、おさらいしましょう。

最初に、「『ものの見方や考え方は、人によって、それぞれ違《ちが》う』ということを、基《き》本《ほん》的に知らなければならない。なぜなら、『みな、自分と同じ見方や考え方をするものだ』と思うところに、人間関係の不調和は起きやすいからだ。そして、『自分とは異《こと》なる見方や考え方をする人がいる』ということを知ることが、寛容《かんよう》さや包容力につながっていく」と述べました。

できるだけ長所を見るように努力する

次に述べたのは、「人の欠点や弱点を中心に見るのではなく、できるだけ、長所やよいところを見るように努力しよう。『欠点や弱点を指摘《してき》することで、自分の頭のよさを誇示《こじ》しよう』などと思わないようにしよう。これは、『そうしよう』と決意したときから、できるようになっていく」ということです。

もちろん、人を使う立場や、人に影響《えいきょう》を与《あた》えるような立場に立ったときには、人の欠点や弱点をまったく知らないと困《こま》ることもあるので、それについても本当は知っているほうがよいのです。

ただ、それを相手に教える場合には、遠回しに注意を与え、自分から気づくように持っていったほうがよいでしょう。

相手に、自分で気づいたかのように思わせた場合には、誰《だれ》も傷《きず》つきません。しかし、相手を厳《きび》しく叱《しか》り、無理やり欠点や弱点を直させたりすると、相手も子供《こども》ではないので、その人との人間関係がうまくいかなくなることがあります。

したがって、全般《ぜんぱん》的には、「人の長所を使う」ということを心掛《こころが》け、いろいろな人のよいところを見てあげるようにしたほうがよいでしょう。

なお、いろいろな人の長所をほめていると、「自分は、ほめられた」と思う人同士の人間関係の調整がうまくいかず、その人たちが喧嘩《けんか》をするようなこともあります。次には、こうした問題が出てくるわけですが、この場合には、優先度《ゆうせんど》を上手《じょうず》に決めていかなければいけません。

例えば、「この件《けん》に関しては、Ａさんを中心にして考え方を合わせていくべきだ」と思うならば、Ａさんを起用することです。やはり、取り組む物事に応《おう》じて、「どの人の長所を使うか」ということを考えていったほうがよいと思います。

独立《どくりつ》した個性《こせい》を認《みと》め合い、一定の距離《きょり》を取る

それから、三番目として、「人間は、独立《どくりつ》した個性《こせい》を持った存在《そんざい》である。したがって、最後は、お互《たが》いに、その独立した個性の部分を認《みと》め合わなければ、人間関係はうまくいかない。お互いを独立した個性として認め合いながら、一定の距離《きょ》離《り》を取りつつ、人間関係を上手につくっていくことが大事である」ということを述べました。

ここまでは、一般的な人間関係についての話です。

5　「成功者を祝福する心」を持とう

「バケツのなかのカニ」にたとえられる日本人

さらに、日本特有の人間関係の問題についても述《の》べてみましょう。

日本は長らく平等社会ですが、その平等社会の根本《こんぽん》には、やはり、農村中心の考え方があります。

農村においては、周りと違《ちが》う人や、周りから抜《ぬ》け出していくようなタイプの人は、あまり望まれません。基本《きほん》的に、みなと同じような生活をしていく調和型の人が、うまくやっていけるのです。

これが日本型社会の原型です。日本では、一人だけ周りの人と違っていて、村から抜け出して成功していくようなタイプの人は、あまり好まれないことが多いのです。

そのため、日本人は、よく、「バケツのなかのカニ」にたとえられます。

バケツのなかにカニを何匹《びき》か入れておくと、カニたちは、もちろん、外に逃《に》げ出そうとします。しかし、一匹のカニが、ようやく、逃げ出すことに成功しそうになると、ほかのカニが下からハサミで挟《はさ》んで引きずり下ろすのです。しばらくして、次のカニが外に出そうになると、また、ほかのカニがそれを挟んで引きずり下ろします。

このように、「外に出たいけれども、自分は出られない。しかし、他の人が外に出るのは許《ゆる》せない」と思って、他の人を引きずり下ろしていると、結局、誰《だれ》も外に出ることができません。お互《たが》いに協力し合えば、外に出ていけるのですが、そうしないのです。これが日本の村社会の特徴《とくちょう》です。

農耕《のうこう》中心の社会では、「『豊作《ほうさく》になるか、凶作《きょうさく》になるか』は、大自然の恵《めぐ》みに左右されるのであって、人間個人《こじん》の能力《のうりょく》の差や努力の差には左右されない」という考え方が長く続いてきました。そのため、一人だけ、いい格好《かっこう》をして〝バケツ〟から逃げ出そうとする〝カニ〟は許されず、必ず引きずり戻《もど》されてしまいます。これが農村社会の実態《じったい》なのです。

この日本型社会における平等観は、ある意味で、嫉妬心《しっとしん》の確定《かくてい》したものというか、嫉妬心が膠《にかわ》のごとく固まったようなものです。つまり、人々の間で、「変わった人は許さない」というような合意がなされると、嫉妬心は、悪《あ》しき平等心に変わる場合があるのです。

ただ、世の中は、かなり変化してきているので、たとえ田舎《いなか》であっても、いつまでも、そのようなカルチャーであってはいけないと思います。

〝バケツ〟から出ていこうとする〝カニ〟を引きずり下ろすばかりでは駄目《だめ》で

す。また、自分が〝バケツ〟の縁《ふち》まで上がったならば、下にいる〝カニ〟を挟んで引き上げてあげることです。

こういうかたちで順番に引き上げていけば、みな、〝バケツ〟から出ていけるわけです。これが天国的な考え方です。

そして、「他の人を引きずり下ろすこと」ではなく、「順番に引き上げてあげること」を考えることは、「成功者を祝福する」という考え方につながるのです。

これは単純《たんじゅん》なたとえ話ですが、私は、若《わか》いころ、この考え方に出合って目が開けたのを覚えています。

実は、この「バケツのなかのカニ」は、ハワイに住む日系人《にっけいじん》をたとえたものですが、この傾向《けいこう》はブラジルの日系人にもあるそうです。

要するに、日本人の場合、外国に住んでも、〝カニの挟み下ろし〟をするわけです。日本人の遺伝子《いでんし》は〝すごい〟ものです。住む国が変わり、外国語を話すようになっても、日本人は、〝バケツから出ていくカニ〟が許せず、引きずり下ろすのです。

ある本のなかに、「海外の日系人には、こうした傾向がある」と、はっきり書かれているのを見て、「ああ、そうなのか。日本人には、そういう傾向があるのだな」と思ったのを、いまだに覚えています。

祝福することによって、自分もまた成功への道に入れる

前述《ぜんじゅつ》したように、「成功した人が次の人を引っ張《ぱ》り上げていくカルチャー」をつくっていったほうが、全体としては、豊《ゆた》かになるし、成功者も多くなります。

したがって、日本特有の人間関係の問題については、次のように付け加えておきたいと思います。

〝カニの挟み下ろし〟は、おそらく、日本的な平等社会の原点でしょうが、こ

れからの流動化する時代においては、できれば、祝福の心を持ち、他の成功した人を肯定《こうてい》する考え方を持ったほうがよいでしょう。

そうすると、今度は、祝福した相手が自分に援助《えんじょ》の手を差し伸《の》べてくれるようになります。あるいは、「郷土《きょうど》から出ていって出世した」というような人であれば、故郷《こきょう》に対して、何かお返しをしてくれるようになるのです。

もし、自分のなかに、成功した人を悪く言うような傾向があるならば、それは、なるべく直さなければいけません。

ここで述べたことは日本人全体に言えます。「〝カニ挟《ばさ》み〟をして、成功者を必ず引きずり下ろす」という傾向は、村社会から永田町《ながたちょう》まで、日本の至るところで出てきます。

そのように、日本には、傑出《けっしゅつ》した人を求めない風土《ふうど》があるわけです。

しかし、本当に国を富《と》ませて素晴《すば》らしい方向に導《みちび》いていこうとするならば、やはり、祝福の心を忘《わす》れてはなりません。

祝福の心はキリスト教的な考え方かもしれませんが、日本人には、これが少し足りないように思われます。

「成功した人は、神の恩寵《おんちょう》を受け、神に祝福された人である。そして、そういう人を祝福することによって、自分もまた、同じようなお招《まね》きに与《あずか》れるようになるのだ」ということを知っておいたほうがよいでしょう。

以上が「人間関係向上法」です。

第3章
祝福の心

1 「いつも悪口を言う人」は幸福になれない

私の悟《さと》りと密接《みっせつ》な関係がある「祝福の心」

本章では、「祝福の心」というテーマで述《の》べていきます。このテーマは、私の今回の悟《さと》りのうち、若《わか》いころの悟りとかなり密接《みっせつ》な関係があります。

「祝福」とは、人の幸福を祝ったり祈《いの》ったりすることですが、この言葉には、ややキリスト教的な響《ひび》きがあります。仏教的《ぶっきょう》に「讃歎《さんたん》の心（ほめたたえる心）」と言ってもよいのでしょうけれども、「祝福」のほうが一般《いっぱん》的な言葉なので、こちらを使うことにします。

この言葉は、私にとって、とても大事に思われる言葉です。

若いころの私は、非常《ひじょう》にデリケートであり、どちらかというと、詩人のような心を持っていました。言葉に鋭敏《えいびん》で傷《きず》つきやすく、また、人が傷ついたときにも、それを非常に感じやすいタイプだったため、いろいろなことで悩《なや》みを深めたり苦しんだりもしました。

「祝福の心」は、そういうときに私が出合った言葉の一つなのです。

競争社会が「社会全体」と「個人《こじん》」にもたらすもの

みなさんもご存《ぞん》じのように、現代《げんだい》社会は、かなりの競争社会になっています。

競争自体は、大きな目で見たとき、「向上を目指す原理」「多くの人々を進歩させ、幸福に導《みちび》くための原理」であると思われます。

したがって、「勉強や運動、仕事、報酬《ほうしゅう》など、いろいろな面において、多くの人々が競争社会のなかで生きている」ということ自体は、システム全体として肯《こう》定《てい》できると私は思います。やはり、社会に競争がないと、堕落《だらく》や退廃《たいはい》が非常に起こりやすくなり、社会が停滞《ていたい》して、人々の魂《たましい》の進化につながらないでしょう。

そのように、競争社会は、全体的に見て、「多くの人々の力を引き出す」という面を持っているので、よいものだとは思うのです。

しかし、個々《ここ》の人にとっては、競争社会のなかで生きると、傷ついたり、挫折《ざせつ》感《かん》を感じたり、不安になったり、不幸になったりして、救いがないように思われることも数多く起きてしまいます。これが現実でしょう。

子供《こども》も大人も、絶《た》え間ない競争のなかに置かれています。

その結果として、社会全体は一世代前や二世代前よりも進化し、全体としての幸福度は増《ま》していると思われるので、それについては、広い目で見て肯定すべきだろうと思っています。

ただ、個人個人を見るかぎりでは、必ずしも、このままでよいとは言えない面もあると思うのです。

〝悪口主義《しゅぎ》〟の風潮《ふうちょう》にはテレビの影響《えいきょう》も大きい

特に、今の社会には、特定の人を言葉で〝ギロチン〟にかける風潮《ふうちょう》があります。これにはテレビの影響《えいきょう》も大きいのです。

例えば、テレビ番組で人気タレント等が話す内容《ないよう》を聴《き》いてみると、多くの人たちが、他人への悪口や批判《ひはん》、中傷《ちゅうしょう》など、人をくさすようなことを言い、それで笑いを取ったりしています。現在《げんざい》では、どうやら、それが主流のようです。タレントは違《ちが》っても、基本《きほん》的なパターンは、だいたい同じであり、「誰《だれ》か特定の人の名を挙げ、その人をくさす」というかたちで笑いを取っているのです。

それによって、「話している自分もすっきりするし、聴いた人たちもすっきりする」という意味で、社会が欲《ほっ》している〝ガス抜《ぬ》き〟をしているのだと思います。

大衆《たいしゅう》が求める「パンとサーカス」のうち、サーカス、見せ物のほうを行い、「言葉において特定の人を〝ギロチン〟にかけ、それで人々がすっきりする」というかたちが多いのです。

特定のタレントの名前は出しませんが、そういうことをしている人は数多く見受けられます。そういう人が、人気のあるタレントになり、高い好感度を得たりするらしいのです。

そして、それをテレビで見ている子供たちにも、それを肯定し、そのまねをしている面があります。学校で、友達の悪口を言ったり、相手をくさしたりして、悪口合戦のようなことを行い、互《たが》いに足を引っ張《ぱ》り合い、それを冗談《じょうだん》やギャグ、ユーモアだと考えているわけです。このような風潮は、かなり蔓延《まんえん》しています。

そのため、礼儀《れいぎ》正しい言葉、丁寧《ていねい》な言葉だけを使い、悪口を言わない子供は、「変わっている」と見られ、ほかの子供たちから攻撃《こうげき》の対象にされて、中傷を受け、いじめられるのです。そこで、自分の身を護《まも》るために、相手の言葉に対して応酬《おうしゅう》し、より鋭《するど》い言葉で相手を叩《たた》かなければならなくなったりするわけです。

また、友達との関係だけではなく、先生との関係においても、同じ原理が働きます。現在、先生をやっつけたり、授業妨害《じゅぎょうぼうがい》をしたり、学級崩壊《ほうかい》を起こしたりすることが、あちこちで起きていますが、ほとんどが言葉と行動の乱《みだ》れによるものです。

ところが、それを、「よいこと」「かっこいいこと」と思っている風潮があるため、その流れそのものを簡単《かんたん》に引っ繰《く》り返すことが、なかなかできないのです。

新聞や、ある程度《ていど》、まっとうなテレビ番組など、もう少し硬派《こうは》の言論《げんろん》においても、基本的には、人を悪く言う方向の論調が主流です。

ただ、これも一定の役割《やくわり》は果たしていると思います。「嘘《うそ》をついたり人を騙《だま》したりして悪事を働いている者を追い落とす」「悪を遠ざけ、不正を追及《ついきゅう》する」という意味では、これにも一定の正義の面はあるのです。

そして、これは近代の民主主義の起源《きげん》とも関係しています。悪政《あくせい》、暴政《ぼうせい》を敷《し》く王や皇帝《こうてい》などを追い出し、民主主義の時代を開いたことの原点には、彼らに対する悪口もあったので、悪口をすべて否定《ひてい》することはできないと思いますし、正当な批判は必要だと思います。

しかし、基本的な原理として、〝悪口主義〟というものを蔓延させ、肯定することには疑問《ぎもん》を感じます。

悪口を言うことは、自分が幸福ではないことの証明《しょうめい》

見ていて分かると思いますが、いつも人の悪口を言っている人は、少なくとも幸福ではありません。幸福感に満ちている人が人の悪口を言い続けることはありえないのです。したがって、人の悪口を言うことは、自分が幸福ではないことの

証明《しょうめい》であると思います。

「人の顔を見ると悪口を言う」「人の何かを見ては悪口を言う」「妬《ねた》み、嫉《そね》み、嫉妬《しっと》の言葉を口に出して言う」などということを習慣《しゅうかん》としている人は、はっきり言って幸福ではありません。

こういう人は、「幸福ではないから悪口などを言うし、また、悪口などを言うから不幸になってくる」という悪循環《あくじゅんかん》に陥《おちい》っており、この傾向《けいこう》が改まらないかぎり、ある意味で幸福にはなれないのです。

これは自分のこととして捉《とら》えてみれば分かります。みなさんも、自分のことをほめてくれる人とは友達になりたいでしょう。ところが、面と向かって自分の悪口を言われると、その人と友達になるには、そうとうの努力や忍耐《にんたい》、寛容《かんよう》さが要《い》ります。会うと必ず自分の悪口を言われるのであれば、その人と長く仲の良い友達でいることは基本的に難しいでしょう。

若いころには、互いに悪口を言い合い、〝じゃれ合う〟レベルの関係はありうるかもしれませんが、人間として一定の成熟期を迎《むか》えると、悪口をジョークとして受け止めてくれる人たちの範囲《はんい》は狭《せま》くなるため、悪口を言い合っていては、正常な大人としての交友関係を築《きず》くことは難しくなります。

このように、人間は、自分のことをほめてくれる人とは友達になりたい一方、自分の悪口を言う人とは友達になりたくないものです。

他《た》の人に対して悪口しか言えない人は、「他の人と友達になりたくない」と言っているのと同じです。結局、人の悪口を言うことは、その人に対して、「おれは、おまえとは友達にならないぞ」と言っているようなものなのです。

こういうあり方は、さみしく悲しいことであり、「この性《さが》を何とか変えたい」と思うものですが、そう思っても、なかなか止まりません。特に、十代や二十代前半ぐらいだと、そう簡単には止まらないものなのです。

「主観的で自分中心の人」は悪口を言いやすい

ところで、人間は、なぜ、人の悪口を言うのでしょうか。なぜ、人に対して、妬ましい言葉が出たり、怒《いか》りの言葉が出たり、おぞましい言葉が出たりするのでしょうか。

点検《てんけん》してみると、そういう言葉が出るときには、自分自身が非常に傷ついています。もちろん、自分が怒《おこ》られたり、悪く言われたり、評価《ひょうか》を下げられたりすることでも傷つくのですが、自分がほめられなくても傷つきますし、人がほめられるのを見ても、自分が傷ついたように感じるのです。

若いころは、ある意味で、非常に自己《じこ》中心主義です。自分の立場を客観的な目で見て評価することができず、どうしても主観的で自分中心になり、「自分がどう感じるか」ということを中心にして動いています。

そのため、若い人は大人の目には非常にエゴイスティックに見えます。例外は多少あるとしても、たいていの人はそうだろうと思います。

ところが、若い人は、自分中心であることを「純粋《じゅんすい》なのだ」と考えます。「自分に対して忠実《ちゅうじつ》で純粋だからこそ、人に対しても、きついことや悪口を言ってしまうのだ」と思い、自分を美化してしまいやすいのです。

その結果、友達がいなくなったり孤立《こりつ》したりして、さみしい気持ちや悲しい気持ちが増してきます。しかも、そういう人に、よいことがたくさん舞《ま》い込《こ》んだりすることはあまりないため、もっと孤立して孤独《こどく》な思いをし、それによって、さらに自分を苦しめることになるのです。

また、そういう人の場合、自分にとって何かよいことがあっても、それを素直《すなお》に受け取ることができず、否定してしまいがちです。

他の人を否定する性格《せいかく》の人は、自分に対して肯定的なことが何かあっても、それを受け入れません。「何か裏《うら》があるのではないか」「一時的に、こういうよいことがあっても、あとで必ず裏切られるのではないか」「何か引っ掛《か》けられるのではないか」「からかわれているのではないか」「こんなことがあるわけはない。何度も同じことがあったら信じてもよいが、これだけでは信じられない」など、とにかく自分を幸福にしない方向に判断《はんだん》が動きやすいのです。

そして、孤独で傷つきやすい、不幸な性格が出来上がってきます。

そういう不幸な人は、つらいことに、「他の人を傷つけて、さらに不幸を増やし、それが自分に返ってきて、もっと深刻度《しんこくど》を増す」というかたちで、小さいながら、自分の周りに暗黒世界をつくっていくのです。

「自由」と「平等」以外に「愛」が必要な理由

この背景《はいけい》にあるものの一つは、前述《ぜんじゅつ》したように、「現代社会は競争社会であるため、いろいろな状況《じょうきょう》において勝ち負けが生じる」ということです。

ただ、たとえ、勝ち負けが生じない、完全な平等社会であったとしても、他人の排斥《はいせき》などは起こります。なぜかというと、何か少しでも同質《どうしつ》でない者が出たとき、その人を否定し始めるからです。

企業《きぎょう》が努力する社会ではない、農耕《のうこう》型の村社会であってもそうです。その村社会から少し上に抜け出ようとする者に対しては、引きずり下ろす動きが起きますし、下の者に対しては村八分《むらはちぶ》が起きます。

つまり、自由な競争社会であっても、競争のない平等社会であっても、同質でない者に対しては、やはり、似《に》たような原理が働いてくるのです。自由の原理においても、平等の原理においても、同質でない個人を排斥する原理は、どうしても働きやすいと思います。

「自由・平等・博愛（友愛）」とよく言われますが、「自由」にも、「平等」にも、ある人にとってはよくても、ほかの人を疎外《そがい》し、迫害《はくがい》し、追い出すような原理になりやすい面があります。そのため、広く人を愛したり、友達付き合いをしたりする心が必要になってきます。

その意味で、「愛の原理が人々を調和させなければいけない」ということを知ったほうがよいのです。

考え方には自分自身を変える力がある

私自身、「祝福」という言葉自体は以前から知っていましたが、この言葉を自分の問題として捉え、考え、受け入れて、「自分の生き方や考え方を変えよう」と思ったのは二十歳《はたち》前後だったと思います。その結果、自分がかなり変わっていったため、実体験を通して、「考え方には力がある」ということを知ったわけです。

みなさんのなかには、自分が人の悪口をよく言うことに関して、「遺伝《いでん》的に親からもらった気質であり、生まれつきなのだ」「人の悪口をよく言う文化のある社会で育ったからだ」などと言う人もいるでしょう。確《たし》かに、二十歳までの人間形成においては、家庭や学校、地域《ちいき》など、周りの影響を受けていないはずはありません。

ただ、私は、「考え方が変わると、人間は変わることがある」ということを実体験し、「考え方には力がある」ということを知ったのです。

これは私にとって一つの職業《しょくぎょう》原理になりました。

今、私は宗教家《しゅうきょうか》として説法《せっぽう》を中心に仕事をしていますが、もし、こういう力が説法にないのであれば、いくら説法をしても無駄《むだ》です。

ところが、私は、ある考え方に納得《なっとく》し、それを受け入れて、自分の考えを変えようとしたら、自分自身を変えることができました。あるいは、少なくとも、変わっていったことを確認《かくにん》できました。そのため、「ほかの人にも、そういうことはありうるだろう」と思ったのです。

これは、仏教的には、「悟り」かもしれませんし、「一転語《いってんご》」という、導きの言葉かもしれません。こうした言葉は、知らなければ分からないのですが、それを知ったことにより、その前と後では別の人となり、別の人生になることがありうるのです。私にとって、この体験は大きかったと言えます。

2　不幸感覚の根っこにある「自他の比較《ひかく》」

「嫉妬《しっと》」は努力しなくてもできるが、「祝福」には努力が要《い》る

傷《きず》つきやすいタイプの人の場合、たいてい、自分が幸福になることを考えられないため、他の人を不幸にすることによって、自分の不幸感覚を紛《まぎ》らわせようと

したり、自分を納得《なっとく》させようとしたりするわけですが、これでは永遠《えいえん》に〝沼《ぬま》〟から抜《ぬ》け出せません。

そこで、こういう人がまず考えるべきことは何かというと、「不幸感覚の根っこは、自他の比較《ひかく》、すなわち、自分と他人との比較にある」ということです。

もちろん、「誰《だれ》もが、すべての面で同じ」ということはありえません。何かにおいて優《すぐ》れている人はいますし、「現《げん》時点では、ある人がピークに立ち、〝波〟の上のほうに来ていて、自分は下のほうにいる」という場合もあります。

つまり、時期や才能《さいのう》、環境《かんきょう》など、いろいろな要因《よういん》によって、今、花が開いて幸福になり、うまくいっている人がいるわけです。

それを見て、妬《ねた》ましく思う気持ちが出るのは、本能といえば本能です。

ただ、嫉妬《しっと》は、努力しなくてもできます。不思議ですが、人から教わらなくても嫉妬することができるのです。赤ちゃんであっても、自分と同じような赤ちゃんや、一つか二つ年の違《ちが》う子供《こども》に対し、親の扱《あつか》いが違えば嫉妬します。このように、嫉妬は、教わったり学んだりしなくても、本能でできるのです。

一方、祝福のほうは、人から教わるか、自分で学ぶか、このどちらかによって、「そうしよう」と思わないかぎり、できません。嫉妬は、学ばなくても、ひとりでに、自然に本能でできますが、人の幸福を祝ったり祈《いの》ったりする祝福の思いは、通常《つうじょう》、まず教わる必要があります。「祝福という考え方があり、そういうものが必要なのだ」ということは、教えてもらわないと分からないのです。

キリスト教会では、人を祝福することを、一つの教えとして教えていますが、キリスト教徒でなくても、道徳《どうとく》で教わることもありますし、先生や友達などから、言葉として教わることもあるでしょう。

祝福という言葉は、心が傷ついていて、人をくさすタイプの人間にとって、最初は偽善《ぎぜん》のように聞こえます。心のなかは真っ暗なのに、うわべを繕《つくろ》い、口だけで言っているように聞こえるわけです。

しかし、祝福は偽善ではありません。この言葉に真実があることを知ったほうがよいでしょう。

自分の理想像《ぞう》を肯定《こうてい》することは「幸福になる技術《ぎじゅつ》」

自然のままに任《まか》せると、他の人に対して嫉妬し、「あの人を引きずり下ろしたい。あの人をくさしたい」という気持ちが働きます。そのときに、努力して踏《ふ》みとどまり、その人の優れた点や才能、努力したところ、本当に素晴《すば》らしい実績を挙げた部分を認《みと》める心を持つことができれば、それは、「自分自身が、その時点で、一つの壁《かべ》を越《こ》え、成長した」ということを意味しているのです。

人の優れたところや美点を見るだけの目ができ、心に余裕《よゆう》ができたわけです。

自分を認めてくれる人のためであれば、人は一生懸命《いっしょうけんめい》に働きます。場合によっては、自分を認めてくれる人や、自分の才能を知っている人のために、死ぬことさえあります。それほど、「人に認められる」というのは大きなことなのです。

誰しもそれを求めているのですが、そう簡単《かんたん》には得られません。ただ、ほかの人も、自分と同じように、それを求めているのです。

したがって、相手を主観的に見て否定《ひてい》するのではなく、「相手のよいところを認める」という考え方が大事であることを、まず学ぶべきです。

そして、相手を主観的にではなく客観的に見たとき、例えば、同じ年代の人間としての目で、あるいは、社会全体や学校全体、職場《しょくば》全体などの目で見たときに、「この人は頑張《がんば》っている」「この人には、よいところがある」と思ったならば、それを素直に認めてあげることです。

それができるようになることは、「あなた」にとっての成長ですし、「彼」もしくは「彼女」の成長にもつながるでしょう。それは、素晴らしいことなのです。

そのことを知っておいたほうがよいと思います。

結局、ほかの人のよいところを認めると、自分自身が伸《の》びるのです。若《わか》いころの私には、これがなかなか分かりませんでした。

逆《ぎゃく》に、「人をくさしておけばよい」と思う人は、「自分は、これ以上、努力して向上しなくてもよい」と考えていることになります。

ほめられた人について、「あいつはバカで駄目《だめ》なやつだ」と言ったり、テストがよくできた人について、「あれはまぐれだ。ヤマが当たったのだ」「あいつは努力なんかしていない。親の頭がよかっただけだ」「先生がえこひいきしたのだ」などと言ったりと、言い草は幾《いく》らでもあります。

しかし、急に成績が上がった人のことを、「すごいですね」と言って認めてあげると、その肯定《こうてい》の思いは、自分自身を引っ張り上げる牽引車《けんいんしゃ》にもなります。

「自分の理想像《ぞう》を肯定する」ということは、「自分が目指す方向を認める」ということであり、「自分自身が変わる」ということでもあるのです。

また、相手を理想化したことによって、「彼」もしくは「彼女」も、「あなた」に対して心を開き、アドバイスをして導《みちび》いてくれるようにもなるのです。

これについては本当に知っておいたほうがよいと思います。

特に、若い人は、どうしても、この部分を超えられないので、少なくとも、「幸福になる技術《ぎじゅつ》」として、こうしたことを知っておいたほうがよいでしょう。

人をほめる際《さい》には、「真実だ」と思えることを語る

もちろん、人をほめることにも、間違ったやり方はあります。それは、人を利用しようとして、ただただ、その人をほめたり、うわべの言葉や、おべんちゃらなどを言ったりする場合です。

もっとも、一見《いちげん》さんというか、一回だけしか会わない人や、たまにしか会わな

い人に対しては、それでも十分に効果《こうか》はあると思います。

ところが、長く付き合う人に対して、真実ではないことを言っていると、それは、そのうち、相手にばれてしまいます。「嘘《うそ》をついている」「いいかげんなことを言っている」「思いつきで言っていて、本心ではない」ということが分かれば、反作用が生じ、相手は、こちらの話を信じなくなってきます。「裏切《うらぎ》られた。嘘をつかれた」と相手に思われることは、やはり大きなマイナスです。

したがって、人をほめているときには、それが「真実語」かどうか、すなわち、本当の気持ちで言っているかどうか、確認《かくにん》したほうがよいのです。

少なくとも、積極的に「嘘をつこう」「騙《だま》そう」という気持ちを持ってはいけません。

その人の全体をほめることは難《むずか》しくても、ある部分をほめることについて、「真実だ」と思えるならば、その部分をほめてあげるとよいでしょう。

例えば、年ごろの女性《じょせい》が二人いて、片方《かたほう》は美人であり、もう片方は不美人だとすると、美人のほうが先に結婚《けっこん》するとは限《かぎ》りません。不美人のほうが先に結婚することも当然ありますが、そのときに、美人のほうは不美人のほうを祝福できるでしょうか。自然な情《じょう》としては、「なぜ、あなたが結婚できるのよ」と言いたくなるでしょう。しかし、それでは普通《ふつう》の人なのです。

本当の美人、心がねじけていない美人であれば、「自分は、いい人と、やがて結婚できる」と確信しているものです。そのように心に余裕があるのであれば、不美人のほうが結婚できたことを「素晴らしい」と思い、「○○さん、よかったわね。私もうれしいわ」と言って、心から喜んであげるとよいのです。

そうすると、もちろん、友情も続きますが、美人のほうは、その美しさを、さらに際立《きわだ》たせることになります。

このように、美人であって心根《こころね》もよいと、その値打《ねう》ちがさらに上がりますが、いくら美人であっても、心がねじけている人は、やはり嫌《いや》なものです。

年ごろの女性の場合、自分より先に結婚する人の結婚式に出ると、本当に嫌な気分になることが多いと思います。

しかし、主観的な気持ちだけで見るのではなく、客観的に見る努力をして、「この年代で、こういう人が結婚できるのは幸福なことだ。運がよかったのだろう。私の知り合いのなかから結婚する人が出たのは、よいことだ」と思えたならば、悪い心を持たずに、その人をほめてあげるとよいのです。

それは、ほめられた人にとっては、人生を祝福されたわけであり、よいことになりますが、ほめた人にとっても、よいことなのです。そういうことをほめることのできる人は、素晴らしい人です。また、そのことを別の人が見ていたりするため、そのうちに、ほめた人を幸福にしたいと思う人も出てくるのです。

勉強においても同じです。やはり、成績のよい人も悪い人も出ますし、テストの点数がよいときも悪いときもありますが、成績がよくなった人をくさし、悪くなった人に「ざまを見ろ」と言うような心境は、望ましいものではありません。

たとえ、その人が、賢《かしこ》くて、勉強がよくできたとしても、自分より成績のよい人を悪く言い、自分より成績の悪い人を足で踏みつけるような人であったなら、誰も、その人にリーダーになってほしいとは思わないでしょう。

成績がよい人に、「よく頑張ったなあ。すごいね。どういう勉強をしたんだい？」と、素直に感心して訊《き》ける人は、心が広く、素晴らしいと言えます。

ところが、成績が悪い人に対して、「ざまを見ろ」「すっきりした」などと言うのであれば、たとえ、それが本心であり、自分の気持ちが楽になったとしても、それは美しい行為《こうい》ではありませんし、その人にとって、よいことでもありません。

このように、「祝福の心を持てるかどうか」ということは、自分自身を向上させる上での、一つの「悟《さと》りの試験」でもあるのです。

したがって、どうか、努力して、「人を祝福する気持ち」を持とうとしてください。

3　夫婦《ふうふ》や親子の間でも「祝福の心」を

夫婦《ふうふ》関係の不調和は、相手を祝福することで中和できる

「祝福の心」は、なかなか持てるものではありませんが、ときおり、努力して祝福することによって、少なくとも、人間関係で生まれた毒素《どくそ》を中和することはできます。一つの人間関係のなかで、いろいろな悪や不調和が出てきますが、相手を祝福することにより、最低でも、それを中和することは可能《かのう》なので、みなさんも実践《じっせん》してみるとよいでしょう。

それは夫婦《ふうふ》関係であっても同じです。

離婚《りこん》した夫婦について、離婚直前の一年ぐらいを見ると、顔を合わせるたびに相手の悪口ばかり言っています。「そんなに憎《にく》い人と、なぜ結婚したのか」と訊《き》きたくなるぐらいです。

結婚当時や結婚前には、互《たが》いに相手をほめちぎったり理想化したりして、持ち上げていたのに、結婚して何年かたつと、顔を合わせるたびに、相手を「親の仇《かたき》」のように見て、喧嘩《けんか》をする夫婦もいます。この落差は激《はげ》しいものです。

しかし、客観的に見て、悪口にしか値《あたい》しない人は、それほどいないのです。

少なくとも、相手にほれるか、ほれなかったにしても、「まあ、悪くはない」と思って結婚したのでしょうから、相手には何かよいところがあるはずです。ただ、現在《げんざい》は、相手のどこかが気になるか、自分のどこかについて相手から悪く言われることが気に食わなくて、関係がぎくしゃくしているわけです。

そのように、離婚の前には必ず悪口の応酬《おうしゅう》があるはずですが、毎日、悪口を言っているうちに、その悪口を「真実だ」と確信《かくしん》するようになります。それは、毎日、新聞の社説を何となく読まされているようなものであり、毎日、悪口を言い合っているうちに、それを「真実だ」と確信して、相手と交流しなくなるのです。

ただ、結婚当時、相手をそれほど悪人だと思っていたわけではないでしょう。なかには、「結婚してみたら、相手は、とんでもない悪人だった」と気づく人がいるかもしれませんが、それは例外の部類だと思います。

ほとんどは、相手に対する評価《ひょうか》の仕方の問題であり、相手自体は昔も今も変わっていないはずです。少しは変わったとしても、同じ流れのなかにあるのです。変わったのは、相手に対する評価であり、自分の主観のほうなのです。

したがって、結婚相手の悪口ばかり言っている人は、一度、踏《ふ》みとどまり、社会全体の目など、客観的な目で見て、自分は正当なことを言っているかどうか、考えてみましょう。

「悪口」と「正当な批判《ひはん》」とを区別し、悪口の習慣《しゅうかん》を改める

悪口と批判《ひはん》は似《に》ていますし、同じであることもあります。それを受ける側から見たら、ほとんど同じであることが多いのです。

批判は必ずしも正しいとは限《かぎ》りません。間違《まちが》っている場合もあります。ただ、悪口と区別できる批判があるとすれば、それは、それを言っている人にとって、「正当だ」と信じるに足る根拠《こんきょ》がしっかりしているものでしょう。「こういう意見が出るのは、この考えからすれば当然だ」と思える正当性《せい》があるか。それとも、ただ、本能的、感情的《かんじょう》に言っているか。この違いで区別できるでしょう。

批判が完全になくなることはありません。やはり、批判が必要な面はあると思います。

しかし、悪口が習慣《しゅうかん》になっているならば、反省して改めたほうがよいのです。人をよくするためには、その人を批判してあげなければいけないこともあります。しかし、悪口が習慣になっていないかどうか、点検《てんけん》が必要なのです。

相手が本当に間違っている場合には、きちんと言ってあげなくてはいけないときもあるのですが、そのための正当な批判なのか、それとも、感情が優《すぐ》れなかったり、体調が悪かったり、何かが面白《おもしろ》くなかったりして、そういうことを言っているだけなのか、批判の理由について、よく自己《じこ》点検をする必要があります。

ともあれ、離婚したくなかったら、相手をほめてあげたらよいのです。それも、嘘《うそ》をついてほめると、あとで反作用があるので、「真実だ」と思われることをほめたらよいでしょう。

ほめることができるところは必ずあります。全体をほめられなければ、部分的にほめてあげればよいのです。相手のよいところ、努力しているところをほめてあげれば、相手の気持ちは変わり、凍結《とうけつ》した心が解《と》けてきます。

互いにそれを行うと、歩み寄《よ》ることができるのです。

相手をほめると、自分が、いい人のように見えてくるので、相手も変化してきます。これは、自分の姿《すがた》が鏡に映《うつ》っているのと同じです。悪口には悪口が返ってきますし、祝福には祝福が返ってくるのです。したがって、相手をほめる努力をしたほうがよいわけです。

以上は一般論《いっぱんろん》ですが、夫もしくは妻《つま》の社会的立場が著《いちじる》しく上がり、夫婦間の意《い》識《しき》の差が開きすぎてしまった場合には、公的責任《せきにん》を優先《ゆうせん》する相手の立場を理解《りかい》できず、一方的に非難《ひなん》するような事態《じたい》も出てくるかもしれません。そのように、夫婦の価値観《かちかん》が決定的にずれてしまったときには、最終的にそれぞれ別の道を選んだほうが、トータルの人生においては幸福である場合もある点、一言、付け加えておきたいと思います。

親は、出来のよい子にも悪い子にも公平であれ

子供《こども》にも、悪口に関する問題はあります。実際《じっさい》に、口の悪い子供もいますし、親としては、それを直してあげる必要があって、厳《きび》しいことを子供に言わなければいけないこともあるでしょう。

ただ、ここで、親にとって間違いやすいことがあります。

子供が何人かいると、当然、出来・不出来や善悪《ぜんあく》に関する差が出るでしょう。そのときに、社会主義《しゅぎ》的な心境《しんきょう》を持っている親には、悪い子のほうを一生懸命《いっしょうけんめい》にかばい、その埋《う》め合わせをしようとする一方、出来がよかったり、けなげに頑張《がんば》っていたりする子のほうを、けなしたり、抑《おさ》え気味にほめたりして、バランスを取ろうとする傾向《けいこう》があるのです。

これに気をつけなければいけません。

確《たし》かに、「平等に愛する」ということは大事なのですが、それは、もう少し根《こん》源《げん》的で本質《ほんしつ》的なところの問題であり、「仏子《ぶっし》としての平等」「仏性《ぶっしょう》としての平等」「神が願われている、幸福の心における平等」という意味なのです。

しかし、個別《こべつ》の行為《こうい》・行動や努力、生活、言動においては、善悪や、ほめられるべきことと、そうではないことなど、いろいろなことがあるので、それらを一《いっ》緒《しょ》くたにしたのでは、教育効果《こうか》はマイナスになってしまいます。

やはり、教育効果を上げるためには、そういうものの区別をしなければいけません。

また、あまりにもバランスを逸《いっ》して、「社会が間違っている」という言い方で子供を導《みちび》いたならば、その子供は大人になってから間違いを起こしたりします。

なぜなら、子供は、「自分ではなく、世の中のほうが間違っている」と思うようになるからです。したがって、親は、子供に対して、あまりにも間違った評価や偏向《へんこう》した評価をしてはいけません。そこまで行くと行きすぎです。やはり、子供の行為などをよく見て、その評価には濃淡《のうたん》や区別をつけるべきです。

もし、望ましくない行為や生活態度《たいど》の子供がいたら、できるだけ、「それは望ましくない。こちらのほうが望ましい」ということを、家庭の雰囲気《ふんいき》によって教え導いていくように努力したほうがよいと思います。

前述《ぜんじゅつ》したように、よい子のほうはあまりほめず、悪い子のほうをかばいすぎると、悪い子のほうは、大人になってからも、たいていの場合、相変わらず親不孝《おやふこう》を続けます。それは、習慣、慣性の問題です。当然、親の面倒《めんどう》は見ず、親の資金《しきん》援助《えんじょ》を受け続け、親に迷惑《めいわく》をかけ続け、親に手をかけさせ続けるのです。

一方、親の面倒を見るのは、たいてい、善悪で言えば善のほうの子、出来・不出来で言えば出来のよいほうの子です。

しかし、親の評価に間違いや偏向があると、こちらの子のほうは、「親は、出来の悪い子のほうばかりを、ほめたり、かばったりし、自分のほうは評価してくれなかった」と思い、不均衡感《ふきんこうかん》、不公平感を非常《ひじょう》に強く持つのです。

それでも親の面倒を見たりするのですが、とても嫌《いや》な思いを持ちながら、そうすることがあるわけです。

親が、あまりにも不公正な判定を続けることは、よくないことであり、間違いです。これは知っておいたほうがよいと思います。

子供《こども》は、まず親の信用を得る努力をせよ

江戸《えど》時代の人が書いたもののなかに、親孝行な子であるか、そうでないか、その区別をつける方法として、次のようなものがあります。

「息子が親元を離《はな》れて外へ出たあと、その息子の噂《うわさ》が耳に入ったと人から聞いて、『ああ、うちの息子を、きっと人様がほめてくれているんだな』と親が思う

ような子は、親孝行な子である。

逆《ぎゃく》に、息子の噂が伝わってきたと聞いて、『あっ、息子がまた何か悪いことをしでかしたな。人様に後ろ指をさされることが起きたに違いない』と親がすぐ思うような子は、親不孝な子だ」

この基準《きじゅん》はよく当たります。

したがって、二十歳《さい》や三十歳ぐらいの人が、「自分は親孝行か、親不孝か」を知りたければ、「自分の噂が流れてきたと聞いたときに、親がどのように思うか」を考えれば分かります。親が、「あの子がまた何かをしでかしたかな」と思うか、「あの子がやったことなら、間違いないだろう」と信じてくれるか、親の評価を考えたら、だいたい分かるものなのです。

例えば、子供《こども》が海外に行く場合を考えてみましょう。

親が、「この子は、国内にいても、こんな悪いことをするのだから、海外に出たら、もっと悪いことをするに違いない」と想像《そうぞう》して、それに反対したとします。それに対して、子供のほうは、「子供の自由を阻害《そがい》する、悪い親だ」と考えて猛《もう》反発《はんぱつ》するでしょうが、これまでの信用が足りなかったせいで、親からそう思われているわけです。

ところが、親が、「あの子だったら、親が見ていなくても大丈夫《だいじょうぶ》だろうし、何か問題が起きても、きっと切り抜《ぬ》けるだろう」と思うのであれば、その子供は、頑張って、親の信頼をかなり得ています。こういう子供は、たいてい、親孝行な子なのです。

そのように、基本的には、まず親の信頼《しんらい》というものがあって、それが、だんだん、友達の信頼、あるいは、会社の先輩《せんぱい》や上司の信頼へとつながってきます。したがって、子供時代には、まず親の信頼を得るように努力したほうがよいのです。

自分の子供に関する情報が入ったと耳にしたときに、親が身構《みがま》えるか、それとも、「うちの子に関する話なら、たぶん、よい話だろう」と思うか、それによって差が生じます。

また、もし、悪い話が入ったとしても、親が、「うちの子は誤解《ごかい》されているのではないか。世間様《せけん》か、その人が、何か勘違《かんちが》いをしたのではないか。うちの子がそんなことをするはずはない」と思うようならば、その子供は親孝行な子です。つまり、普段《ふだん》の積み重ねがしっかりしているのです。

普段、親が見ていて、「大丈夫だ」と思える子供は、外に出しても、だいたい大丈夫ですが、親が心配になる子供は、外に出ると、やはり、親を心配させるようなことをするものなのです。

親孝行な子供かどうか、この基準で考えたらよく分かります。

みなさんも、すでに齢《よわい》三十五歳を超《こ》えていて、自分が親孝行か親不孝か、分からなければ、同じようなことを考えてみたらよいでしょう。自分のことで親に電話がかかってきたとき、「悪い話ではないか」と身構えるかどうか。それを見たら、だいたい分かります。

信用というものは、長年、小さなことを積み重ねてきた結果、できてきているものなので、一発で簡単《かんたん》に崩《くず》れたり、急に出来上がったりはしません。それを引っ繰《く》り返すには、それ相応の出来事なり努力なりが必要です。

人間が、善悪の判定において善とみなされたり、信用を獲得《かくとく》したりするためには、「けじめ」として一定の努力が要《い》ります。努力の方向性は、はっきりしているのです。そのことを知っておいてください。

4　祝福の心を持って、「人生の問題集」を解《と》こう

明確《めいかく》な悪に対しては「祈《いの》り」や「戦い」も必要となる

基本《きほん》的に、私は、「人の粗《あら》、悪口、嫉妬《しっと》に、いつも心をとらわれていると、あなたは幸福になれない。祝福の心を持ちなさい」と述《の》べたいと思います。

ところが、「では、正真正銘《しょうしんしょうめい》の悪とぶつかったら、どうする？　悪を目撃《もくげき》したり、まったくの悪人と会ったりしたときに、それでも『祝福しろ』と言うのか」と問う人もいるでしょう。

例えば、「連続殺人犯《はん》が知り合いにいるが、その人のことも、ほめたほうがよいのか」という質問《しつもん》が出たとします。しかし、絶対《ぜったい》的に悪を犯《おか》している者を肯定《こうてい》

し、ほめるのは無理です。そういう人をほめれば、その言葉は嘘《うそ》になり、その態《たい》度《ど》は不正直になります。

そういう人に対しては、少なくとも祈《いの》ってあげてください。「あの人が善《ぜん》の道に入れますように」「あの人が悪をやめますように」「あの人の魂《たましい》が救われますように」と祈るのです。そして、もし、それ以外にも自分にできることがあったら、それをしてあげてください。

それから、強い明確《めいかく》な意志《いし》を持った悪に対しては、戦わなければいけないこともあるでしょう。

それは、仏教的《ぶっきょう》には「破折《はしゃく》」や「折伏《しゃくぶく》」というものです。仏であっても、歴史上、明確な悪や悪魔《あくま》に対して、強く破折したことがあります。

幸福の科学でも、そういうことは何度かありました。

当会は、普段《ふだん》は、いろいろなことを寛容《かんよう》に受け入れていますし、ほめるべきものに対しては、ほめる気持ちを持っています。

しかし、「これは明確な悪だ。悪を増大《ぞうだい》させてはいけない」と思うときには、バシッと戦います。当然、反作用を受けて苦しむこともありますが、必要なときには戦うのです。そういう余地《よち》も残しておかないと、悪が増大してしまいかねません。

それに関しては、「善か悪か」「正義《せいぎ》か否《いな》か」ということを突《つ》き詰《つ》めて考え、判《はん》断《だん》すればよいでしょう。

ただ、各個人《こじん》を取ってみたら、「人間は間違《まちが》いを犯す存在《そんざい》だ」ということをよく知り、ある程度《ていど》、それを受け入れる寛容さが必要です。「相手を善導《ぜんどう》し、少しずつ変えていこうとする心」「相手のなかに、よりよきものを見ていこうとする気持ち」を持ったほうがよいと思います。

嫉妬《しっと》を感じる相手への「祝福」は自分自身を救う

「愛の反対は憎《にく》しみである」と言われることも多いのですが、「愛の反対は嫉妬《しっと》である」と言う人もいます。確《たし》かにそうかもしれません。

嫉妬の思いを持つと、苦しくて、夜、眠《ねむ》れないものです。

そういうときに、自分自身を救うためにも必要なものが「祝福の心」なのです。口に出して祝福できないならば、心のなかで祝福してもよいと思います。あるいは、自分一人だけのときに、言葉に出して祝福してもよいでしょう。

それによって、自分自身がかなりよくなると思いますし、相手に対しても祝福の念波《ねんぱ》が必ず通じていくと思われます。

また、本章では、子供《こども》の善悪に対する親の評価《ひょうか》の問題や、明確な悪人に対する破折の問題についても述べましたが、仕事の面においては、「仕事ができたか、できなかったか」ということが大きな問題でしょう。

仕事で失敗すれば、それを追及《ついきゅう》しなければいけないこともありますし、仕事で成功すれば、それを明確に評価しなければいけないこともあるでしょう。それをねじ曲げて正反対の評価をするのは間違いだと思います。

ただ、「行為《こうい》を憎んで、人を憎まず」ではありませんが、仕事の実績《じっせき》や内容《ないよう》について、それを批判《ひはん》し、否定することがあったとしても、相手の深い人間性《せい》のところについては、包み込《こ》むものを持っていなければいけません。すなわち、相手を批判する際《さい》には、「あくまでも、これは、仕事の面に限《かぎ》って言う」ということにするわけです。

それから、自分が嫉妬を感じるような人に対しては、やはり、「才能《さいのう》を愛する」という気持ちを持ったほうがよいでしょう。

もし、その人に優《すぐ》れた実績や功績、才能があるならば、その人は、仏や神に愛された人であるのかもしれませんし、過去世《かこぜ》での積み重ねがずいぶんあったのでしょうから、そのことについて祝福してあげるとよいと思います。

「自分のほうが頑張《がんば》っているのに、向こうのほうが成功している」と見える場合には、「おかしい」と思うかもしれませんが、実は、今世《こんぜ》限りの問題ではなく、過去世からの積み重ねによって、そうなっていることがあります。要は、その部分について、今、分からないだけなのです。そのように考えてあげたらよいでしょう。

この「祝福」ということも一つの悟《さと》りになります。

本章の内容を参考にして、自分自身の持っている「人生の問題集」を解《と》いてみてください。

第4章
運命の大波にもまれながら生きる

1　運命の大波のなかで「あなた」を救う指針《ししん》

「解決《かいけつ》できる可能性《かのうせい》」があるからこそ悩《なや》む

本章では、「運命の大波にもまれながら生きる」という題で述《の》べていきたいと思います。

こういう題を付けると、みなさんは、「鳴門《なると》の鯛《たい》が渦潮《うずしお》にもまれるような、上がったり下がったりする運命がなければいけない」という印象を受けるかもしれませんが、過《す》ぎてしまえば、すべては思い出になり、美化されていくものです。

ただ、それぞれの時点においては、かなり厳《きび》しい局面に立たされているように感じるでしょう。あとから見れば、取るに足らないようなことであっても、そのときの自分にとっては、人生の一大事のように見えるものです。

私も、以前は、みなさんと同じように、悩《なや》みや苦しみを感じて悶《もだ》えていた一人でした。

結果や結論《けつろん》が出てしまえば、どの問題も、どうと言うことはないものなのですが、現在《げんざい》ただいまの問題は、誰《だれ》であっても、非常《ひじょう》に大きな問題として感じられるのです。

はたから見れば、それほど大きな問題ではなく、よくある話であることが多いのですが、本人は、ものすごい大波に揺《ゆ》られているように感じていることがあります。

ただ、教えとして述べておきたいことは、「いかにして、現在ただいまの問題を、ものすごく大きな波、ビッグ・ウェーブのように感じるのではなく、小さな波のように感じるか。さらには、平《たい》らかで穏《おだ》やかな海のように見える心境《しんきょう》になるか」ということです。これが、実は、宗教的《しゅうきょう》な修行《しゅぎょう》の要点でもあるのです。このことを知っていただきたいと思います。

この世に生まれて、悩みのない人はいません。悩みなくして人生を終える人は、おそらくいないでしょう。「悩んでいる」ということは、「自分は、今、生きている」という証拠《しょうこ》です。

悩みがなくなれば、それは、もう、この世とおさらばしなければいけない時期であるわけです。「今、悶々《もんもん》と悩んでいることがある」ということは、「まだ自分は生きている」ということなのです。

さらに、「悩む」ということは、「考え方によっては、解決《かいけつ》できる可能性《かのうせい》がある」ということでもあります。

それは、「運命の大波、あるいは『神々の試《ため》し』に対して、どこまで耐《た》えられるかを、今、自分自身で確《たし》かめている」ということでもあるのです。

進むべき方向を判断《はんだん》するためには

私には、二十四歳《さい》のときに、霊的《れいてき》な覚醒《かくせい》、霊的な目覚めが訪《おとず》れたのですが、私自身を振《ふ》り返ってみても、二十代のころには、やはり、現実生活のなかにおいて悩みが消えることはありませんでした。

当時は、持っている悩みが消えると、必ず次の悩みが出てきたものです。会社を辞《や》めて宗教を始めても、教団運営上《きょうだんうんえいじょう》の悩みが次から次へと出てきました。「一つの波を乗り越《こ》えたら、次の波がやってくる。それを乗り越えたら、また次の波がやってくる」という感じだったのです。

ここで大事なことは、「海で泳いでいるときに、『どちらが沖《おき》で、どちらが浜辺《はまべ》か』という方向だけは間違《まちが》ってはいけない」ということです。

大波は来ます。そのとき、沖のほうに泳いでいったのでは助かりません。しかし、浜辺のほうに向かって泳いでいけば、必ず、いつかは、その大波から逃《のが》れることができるのです。

向かうべき方向の選び方は二者択一《にしゃたくいつ》です。したがって、「方向だけは間違えてはならない」と考えなければいけません。

それでは、大波にもまれているときに、「自分は、今、浜辺のほうに向かっているのか。あるいは、沖のほうに向かっているのか」ということを、どのようにして判断《はんだん》すればよいのでしょうか。

幸福の科学の信者であれば、信仰《しんこう》の立場から見て、「自分が進むべき方向であるのか。それとも、行ってはいけない方向であるのか」ということを判断すればよいでしょう。信仰に基《もと》づいて判断をすればよいのです。

信仰に基づいて「正しい」と思う方向であれば、大きな波が来ても、迷《まよ》わずに泳ぐことが大事です。逆《ぎゃく》に、「信仰に反する方向である」と思えば、それは間違っている方向なので、引き返さなければいけません。

単純《たんじゅん》ですが、このポイントを覚えておかないと、大波にただ翻弄《ほんろう》されるだけの人生になってしまいます。しかし、そうであってはいけません。

「不幸を愛する傾向《けいこう》」がないか、確認《かくにん》する

人によっては、自分が波にもまれて溺《おぼ》れかかり、あっぷあっぷしていることを、まるで楽しんでいるかのような人もいます。もし自らの心のなかにそういう傾向《けいこう》があるならば、それを修正《しゅうせい》する必要があります。

私の著書《ちょしょ》のなかでは、『「幸福になれない」症候群《しょうこうぐん》』（幸福の科学出版刊《しゅっぱんかん》）など幾《いく》つかの本に書いてありますが、人間には、自分では気がつかないながら、「不幸を愛する傾向」というものが必ずあります。他の人が見ると多少は分かるのですが、自分自身では、これが、そう簡単《かんたん》には分からないのです。

過去《かこ》、悲しんだことや苦しんだこと、失敗したことなどが心のなかに刻《きざ》まれると、失敗のパターンのようなものが出来上がってきます。

そして、似《に》たような状況《じょうきょう》が起き始め、「前にも似たようなことがあったな」と感じると、そのまま、その失敗のパターンにスーッと入っていき、また同じような結果になります。そういうことが繰《く》り返し起きるのです。

仕事や人間関係などにおいて、過去の失敗と似たような兆候が出てきて、「これから、また前と同じようになるのかな」と思っていると、昔に味わった苦《にが》い思い出とそっくりの現象が出てくるわけです。

人間は、自分の不幸を、ほかの人や環境《かんきょう》など、外部のせいにしやすいものです。まさか、自分自身が、失敗のパターンをつくり出し、その失敗のかたちを愛しているとは、なかなか思えないのです。

そのため、不幸な人には、不幸な体験を何度も繰り返す傾向があります。

もし、不幸な体験が、二つ、三つ、あるいは、それ以上続くようであれば、一度、自分を突《つ》き放し、第三者の目で冷静に自らを見てみる必要があります。中道に入《い》り、白紙の目で自分自身を見つめてみることが必要なのです。

他人の同情《どうじょう》を引こうとすることをやめよう

私は、「人を愛することが大事である」ということを教えていますが、結局、人間は「人から愛されたい」と思うものです。

実際《じっさい》、人から愛されたら、うれしいですし、幸福になれるでしょう。

しかし、他の人は自分のことを、なかなか愛してはくれません。愛されたいのに愛してくれないため、愛に代わるものとして、人の同情《どうじょう》を引こうとする傾向が出てくることもあります。人から同情されるような立場に、わざわざ自分を置こうとするわけです。

どのような立場になれば人から同情されるかは、みなさんも、ある程度《ていど》、分かるでしょう。

例えば、病気になると同情されます。敵《てき》同士、あるいはライバル同士で喧嘩《けんか》をしていたとしても、片方《かたほう》が病気になると、とたんに相手の態度《たいど》が変わり、優《やさ》しくなったり、攻撃《こうげき》をやめたりするようになります。

積極的に仲直りをするだけの勇気がない場合、仲直りの努力をする代わりに病気になることによって、実は争いから逃れようとすることがあるわけです。

あるいは、貧乏《びんぼう》を愛している人も、わりに多くいます。それも、たいていの場合、貧乏の理由を、人のせいや会社のせい、国家のせい、世界経済《けいざい》のせいにしている人が多いのです。一従業員《じゅうぎょういん》ならともかく、社長族においても、そういう人はかなり多くいます。

もし、「同情を引いて慰《なぐさ》めてもらおう」と思うような傾向が自分にあるならば、思いとどまったほうがよいでしょう。同情を引いても、よくなることは少しもないからです。慰めの言葉をかけられることがあるかもしれませんが、実際のところ、根本的な解決にはならないのです。

2 人生の幸福と不幸を分ける「心の態度《たいど》」

「結果の平等」ではなく「機会の平等」を肯定《こうてい》する

私が、今、非常《ひじょう》に気にしていることの一つは、「ワーキングプア」という言葉がかなり流行《はや》ってきていることです。

ワーキングプアとは、「働いても働いても生活が楽にならない、貧《まず》しい人たち」のことですが、その言葉は、テレビを見てもよく聞きますし、新聞にもよく載《の》っています。ワーキングプアの特集が組まれることもあります。

この「いくら働いても貧しい」という考え方は、私には、姿《すがた》を変えた共産主義《しゅぎ》のように見えます。

その考え方を信じてしまうと、「世の中や国が悪いために、あるいは一部の人だけがうまくお金儲《もう》けをしているために、自分たちは貧しいのだ」という方向に持っていかれるので、基本的《きほん》に共産主義的な考えと変わらなくなるのです。

共産主義の考えは基本的に「嫉妬心《しっとしん》の合理化」です。成功している人に対する妬《ねた》みを合理化したものなのです。

共産主義の社会では、成功すると嫉妬されるので、基本的に、自分が成功しないようにし始め、「結果の平等」を目指してしまいます。

誰《だれ》もが同じになることを目指すと、その結果、全員が貧しくなるのです。「全員が貧しければよいだろう」ということですが、そうなると、貧しい人を助ける人がいなくなってしまうわけです。共産主義の社会では、そのようになりやすいのです。

したがって、平等という考え方について、どうか、次のように考えてください。私の考える平等とは、「チャンスの平等」「機会の平等」です。私は、「何かにチャレンジするチャンスは万人《ばんにん》に開かれるべきであり、そのための可能性《かのうせい》をできるだけ多くつくらなければいけない」と思っています。

ただ、結果を平等にすることは、やはり無理だろうと思います。

例えば、百メートル走でも、四十二・一九五キロのマラソンでも、結果を同じにすることは無理です。やはり、タイムや順位はバラバラになります。それぞれの人が自らの努力でもって頑張《がんば》った点は、ほめられるべきことだと思いますが、タイムや順位という結果はバラバラになるのです。

それは、勉強においても、絵を描《か》くことにおいても同様です。

例えば、上手《じょうず》に絵を描いた人も、下手《へた》に絵を描いた人も、結果的に同じ扱《あつか》いをされたら、どうなるでしょうか。誰も努力をしなくなります。上手な絵を描いても意味がないからです。上手に描いても下手に描いても、社会的評価《ひょうか》が変わらないのであれば、絵を描くために努力する人はいなくなります。

実際《じっさい》は、立派《りっぱ》な絵を描いて、日展《にってん》（日本美術展覧会《びじゅつてんらんかい》）などで入賞すると、「号《ごう》」という、絵の単位面積当たりで、とても高い値段《ねだん》が付いて、一枚《いちまい》の絵が何千万円も何億円もするところまで行くことがあります。そういうビッグな夢《ゆめ》があるので、画家の卵《たまご》たちは一生懸命《いっしょうけんめい》に努力しているわけです。

音楽家や歌手でも同じでしょう。「演奏《えんそう》や歌が上手でも下手でも、結果については同じ扱いをします」と言われたら、努力する人はいなくなります。

あるいは、プロ野球を例にとれば、「平等が人類の基本原理なので、松井秀喜《まついひでき》やイチローといったスター選手も、二軍の選手も、給料はみな同じにします」ということになったら、松井秀喜やイチローであっても、だんだん、努力することができなくなり、働かなくなっていくでしょう。

同情《どうじょう》を求めると、多くの人の支持《しじ》は得られない

チャンスは、できるだけ保障《ほしょう》すべきですが、結果においては、やはり開きが出ます。その開きは、本人の努力・精進《しょうじん》や天性の才能、そして、多くの人の支援《しえん》・応援《おうえん》によって出てくるのです。

一般《いっぱん》的には、「どのようなことであっても、だいたい三百人ぐらいの人から支援をされると成功する」と言われています。

宗教《しゅうきょう》においても、もちろん、多くの人の応援が必要ですが、三百人ぐらいの応援があれば、小さな教団《きょうだん》ぐらいはできるのです。日本には宗教法人が十八万以上もありますが、一教団当たりの平均《へいきん》信者数は約三百人です。

「三百人ぐらいの人から支援されると成功する」というのは、宗教関係者ではない人の意見ですが、確《たし》かに、宗教においても、信者が三百人いれば、教祖《きょうそ》を立てて教団をつくることができるのです。

このように、成功するためには、本人の努力・精進や才能、天運《てんうん》、それから、「多くの人の支持を得る」ということが必要です。

三百人ぐらいの人の支持があれば、どのような事業を行っても、だいたい成功の軌道《きどう》に乗ります。歌手であろうと、レストランであろうと、美容室《びようしつ》であろうと、どのような仕事や業種であっても、そのくらいの人の支持があれば、成功するのは確実《かくじつ》です。

「人気を得る。多くの人の支持を得る」ということは、非常に大事な才能なのです。

しかし、前述《ぜんじゅつ》したような、自分に対する同情《どうじょう》を求めるタイプの人は、そのことに、なかなか気がつきません。「とにかく自分は不幸だから同情してほしい」と思うような人に、三百人もの支持者は付かないのです。一回目ぐらいは同情してくれますが、二回目、三回目になると、だんだん嫌《いや》になってくるからです。

これから高齢《こうれい》社会がもっと進んでいきますが、老人たちには、自分の息子《むすこ》や娘《むすめ》、嫁《よめ》、孫などに対する不満がたくさんあるでしょう。他人がその不満を聴《き》いてくれることもあります。ただ、一回ぐらいは聴いてくれますが、二回目、三回目になると、聴くほうは、だんだん嫌になってきます。四回目以降《いこう》は、もう誰も来なくなり、聴いてもらえません。だいたい、そうなります。

したがって、同情だけを求めても基本的に幸福にはなれないのです。

人が繰《く》り返し会いたくなるような人は、同情を求めている人ではなく、他の人々を幸福にするような人です。

会うたびに、何かよい影響《えいきょう》や感化を与《あた》えてくれる人。人生のヒントを与えてくれたり、勇気を与えてくれたりする人。あるいは、自分が落ち込《こ》んでいるときに励《はげ》ましてくれる人。こういう人とは何回でも会いたくなるものです。

したがって、考え方を逆《ぎゃく》にしなければいけません。繊細《せんさい》な人ほど、同情を求めるタイプになりやすいのですが、自分がそういう人間になっていると思ったら、努力して、考え方を切り替《か》えていかなければ駄目《だめ》です。

自己《じこ》中心ではなく相手を中心に考える

これまでに述《の》べたことを、言葉を換《か》えて説明してみましょう。

「天動説」と「地動説」という言葉があります。

天動説とは、「太陽が地球の周りを回っている」という考えであり、地動説とは、「地球が太陽の周りを回っている」という考えです。私たちの日常生活の感覚からすると、天動説のほうが正しいように見えますが、実は、ものすごい速度で地球は太陽の周りを回っているのです。

しかし、現実《げんじつ》の感覚としては、「自分たちは止まっていて、太陽のほうが、自分たちの周り、地球の周りを回っている」というように見えますし、古代の人は長らくそう信じていました。

この天動説のように、「自分のほうは動かず、自分を中心として世間《せけん》が動いている」と考える人がいます。これは錯覚《さっかく》ではあるのですが、毎日、生きていると、自分中心にすべてが動いているように感じてしまうのです。

例えば、家庭で言うと、ご主人を中心に動いていたり、奥《おく》さんを中心に動いていたりしていないでしょうか。そのような人は、「自分を中心にして周りが動いている」「世間の人は、全員、自分に合わせて動くべきだ」と考えがちなのです。

人間には、こうした〝天動説型の人間〟と、〝地動説型の人間〟とがいます。

地球は、太陽の周りを回りながら、さらに自転もしているのですが、このことを地球の上にいながら見抜《みぬ》くのは、とても難《むずか》しいことです。

ただ、長時間露光《ろこう》で夜空の写真を撮《と》ると、星が動いていることが分かります。

私は、以前、ハワイへ説法《せっぽう》に行ったときに、レストランで夜景を見ながら食事をしていたところ、星がどんどん動いていくのが見えました。そのときに、地面のほうが動いているとは、なかなか思えませんでした。空のほうが動いているか、星が流れているように見えたのです。

しかし、この錯覚を正さなければいけません。実は、この天動説型の錯覚が、みなさんの不幸の原因《げんいん》になっているのです。

本章で私が述べていることは、それほど難しいことではありません。

要するに、「自分中心の考え方、天動説型の考え方を改めなさい。そうすれば、人間関係でも改善《かいぜん》があるし、仕事の面でも根本的な改善があるのだ」ということです。

「自分たちのほうが動かなければいけない」という、地動説型の考えは、仕事の面においては、「お客さまへのサービス」という考えになります。

逆に、仕事において天動説を採《と》ると、「うちの商品のどこが悪いのか。買わないのは客のほうが悪いのだ」と考えるようになります。

あるいは、自分の店が潰《つぶ》れたことを、「あそこのスーパーのせいだ」「あそこのデパートのせいだ」と考え、鉢巻《はちま》きをして、スーパーやデパートの進出に対する反対運動をするようになります。

しかし、お客さまを中心に考えるならば、やはり、お客さまにとって、よりよいサービスを提供《ていきょう》したところが生き残るべきです。

大手には大手のよさがあります。商品を大量に扱えるので、品揃《しなぞろ》えが豊富《ほうふ》で価《か》格《かく》が安いなど、よい面があるのです。

したがって、小さい店が生き残るためには、大手ができないことをするしかありません。例えば、こまめにお客さまのところを訪問《ほうもん》して御用《ごよう》を伺《うかが》うなど、大手ができないサービスを提供することです。あるいは、大手が扱わない品物を扱うことです。そのように、お客さまに必要なものを提供していく姿勢《しせい》が大事です。

そういうことを述べておきたいと思います。

基本的には、地動説型か天動説型か、この二つのパターンのどちらかです。自らの考え方がどちらの側に寄《よ》るかによって、幸・不幸も、成功と失敗も分かれてくるのです。

人間は自分中心の人を嫌《きら》うものですが、「自分も他の人からそのように見られている」ということがなかなか分かりません。

みなさんは、エゴイストを見たら、「嫌な人だ」と思うでしょう。「あの人は自分のことしか考えていない。自我我欲《じがかよく》のままに生きている」ということは、見たらすぐに分かりますし、批判《ひはん》もできます。しかし、自分のことになると、まったく分かりません。基本的に、そういうものなのです。

したがって、私は、反省の教えとして、「鏡を見るように自分を見つめなさい」ということを説いたり、愛の教えとして、「ほかの人に対して、よかれと思うことを行いなさい」ということを説いたりしているのです。

3　決断力《けつだんりょく》が道を拓《ひら》く

最後には「選び取る決断《けつだん》」が必要

事業の運営《うんえい》など、大きな仕事をしている人は、運命の波が大きくなることもあるので、大変だろうと思います。解決《かいけつ》しなければいけない問題が次から次へと続出し、大波が押《お》し寄《よ》せてくることでしょう。

そういうときに大事なことは、やはり、「信仰《しんこう》に基《もと》づいて判断《はんだん》をする」ということです。

そして、もう一つ大事なことは「決断」です。人生においては決断が大事なのです。

人生のなかで、きりもみ状態《じょうたい》になって苦しんでいる人、波の上に出たり下に沈《しず》んだりして、あっぷあっぷしている人を見ると、たいていの場合、決断ができていません。「決断ができるかどうか」というのは大きなことなのです。決断ができない人は、海面に首を出したり引っ込《こ》めたり、浮《う》いたり沈んだりしています。要するに、どっち付かずの状態で心が揺《ゆ》れているわけです。

この世の中においては、価値観《かちかん》のぶつかり合いが起きるものです。個人《こじん》においても、企業《きぎょう》においても、いろいろな価値観があり、そのすべてが悪ということはなく、それぞれに、よいところがあります。そのため、価値観がぶつかることがあるわけですが、最後には、やはり決断しなければいけません。

事業においても、やり方、方法論《ろん》はたくさんあります。しかし、最後は、どれかを選び取らなければなりません。決断しなければいけないのです。

したがって、「勇気を持って決断する」という訓練をし、決断力を高めることが必要です。

幸福の科学を始める際《さい》の「私の決断《けつだん》」

今から二十数年前になりますが、一九八四年から八六年にかけて、一、二年の間、私は名古屋にいたことがあります。その名古屋にいたときに、私は、会社を辞《や》める準備《じゅんび》に入り、名古屋から東京へ移《うつ》ったあと、一カ月ぐらいで会社を辞め、幸福の科学を始めました。そのときに決断《けつだん》をしなければ、今の幸福の科学はなかっただろうと思います。

会社に就職《しゅうしょく》したときには、自分では偶然《ぐうぜん》にその会社に決まったようなつもりでいたのですが、仕事に〝はまって〟しまうと、それなりに仕事が面白《おもしろ》くなっていきました。仕事というものは、やればやるほど面白くなる性質《せいしつ》を持っています。

そして、だんだん、重要な仕事を任《まか》されるようにもなり、周りからも期待され始めていたので、会社を辞めるには、つらい時期ではありました。

当時、私が勤《つと》めていた総合《そうごう》商社は年商が三兆円ぐらいで、商社の部門では世界で七番目でした。当時のトヨタ自動車と同じぐらいの売り上げがあったのです。

私は、その会社に勤めていた最後の時期、名古屋支社《ししゃ》の財経《ざいけい》部で銀行を相手にする仕事をしていました。

商社というところは、大量に売り買いを行うので、多額《たがく》の資金《しきん》を必要とします。そのため、資金の借り入れができない事態や、商売で最大限《さいだいげん》にお金が要《い》る事態などに備《そな》え、当座《とうざ》の必要がなくても銀行から少し余分《よぶん》に資金を借りる傾向《けいこう》が常《つね》にありました。

しかも、当時は一九八〇年代のバブル期でした。私が勤めていた会社は、銀行から、「土地は、どんどん値上《ねあ》がりするから、借金をして土地を買っても元が取れる」と言われて、余分にお金を押し込まれ、そのお金で土地を買い、ゴルフ場やボウリング場、マンションの開発など、無駄《むだ》な事業を行おうとしていました。

会社の売り上げは三兆円ぐらいなのに、借り入れは一兆円を超《こ》えていたと思います。これは、いくら何でも多すぎます。私は、「資金をどんどん借り入れる」という会社の方針《ほうしん》に対して、「これは危《あぶ》ない。要らないお金をあまり借りるべきではない。特に長期資金が多すぎる」と判断しました。

当時は商社より銀行のほうが力が強かったので、商社は「借りさせられていた」と言うべきかもしれません。銀行にとって、商社は、一社で一千億円ぐらいを貸《か》し込める大口の取引先です。小口で短期に貸すのは面倒《めんどう》ですし、儲《もう》けも少ないので、銀行は、多額の資金を長期で借りてくれるところへ貸したがるのです。当時、私が勤めていた商社において問題だったのは、金利が十パーセント近くで固定された長期資金を、ずいぶん押し込まれていたことです。

銀行は商社よりも立場が強く、やってくる担当者《たんとう》はエリートで威張《いば》っており、強引《ごういん》に押し込んでくるので、手ごわいものでした。特に、長期系《けい》の銀行、すなわち、当時の日本興業《こうぎょう》銀行や日本長期信用銀行は東大出《で》のかたまりであり、彼らは、威張って、ふんぞり返っていました。

そういう銀行との交渉《こうしょう》の際《さい》に、私は、対銀行交渉の切り札、エリート・キラーとして使われていました。腕《うで》に覚えがあり、怖《こわ》いもの知らずの〝辻斬《つじぎ》り〟のような感じでしょうか。銀行から強い担当者が来たら、私の出番というわけです。私が交渉に出ていくと、相手をぶった斬って、勝利して帰ってくるので、便利に使われていたのかもしれません。

決断《けつだん》によって増《ふ》えた「幸福の全体量」

会社を辞める少し前のことですが、会社で論文の募集《ぼしゅう》をしたので、私は会社のあるべき方向について書いた論文を出しました。審査《しんさ》では役員のところまで通って、最終の社長審査のあたりまで行ったのです。

ところが、私の書いた論文には、「今の経営《けいえい》方針では危ない」と、社長の経営方針に対する批判《ひはん》が明確《めいかく》に入っていたため、社長の秘書《ひしょ》室あたりが、「この論文を、入賞作、優秀《ゆうしゅう》作として発表し、社内の人に読ませるのは危険《きけん》である」と判断《はんだん》したようです。それで、一生懸命《いっしょうけんめい》に根回しをされ、最終段階《だんかい》で隠《かく》されてしまいました。そうした幻《まぼろし》の論文があるのです。

ただ、私が会社を辞めたあと、その商社は、やはり、私が書いたシナリオにほとんど沿《そ》ったかたちで方針転換《てんかん》をしていきました。その後、しばらくはもっていましたが、二〇〇〇年代になって、資金繰《ぐ》りや資金計画の失敗によって、経営難《なん》に陥《おちい》り、最終的には、他の商社と合併《がっぺい》して生き延《の》びるかたちになりました。

知り合いの人たちからは、「あなたが会社を辞めていなければ、会社は消滅《しょうめつ》していなかっただろう」と言われましたが、おそらくそうだろうと思います。私は見通しが利《き》いていたので、あのような愚《おろ》かなことはしなかったはずです。私がいれば、その会社は消滅していなかったでしょう。

私は、それだけ多くの人から嘱望《しょくぼう》され、投資もされていた「期待のエリート」でした。そうであったにもかかわらず、「会社を辞めて幸福の科学を始める」というのは、つらい決断でした。一年ぐらい宗教《しゅうきょう》を始める準備をし、そして、まったくの無職、無収入《むしゅうにゅう》になったわけです。

この決断をすることが、名古屋にいた時期の私の苦しみでした。会社を辞める前の最後の一年ぐらいの苦しみは、ほとんど、その辺に集約されたのです。

霊言集《れいげんしゅう》の原稿《げんこう》等はつくっていましたが、宗教を事業として立ち上げ、大きくしていくノウハウは持っていなかったので、確信が持てず、この辺のところで苦しんでいました。また、会社では、重要な仕事をだんだん任されるようになってきていたので、「期待をかけてくれているのに、裏切《うらぎ》ることになってしまうのかな」と思い、苦しんだ面もあります。

会社のほうは、私がいなくなってから、社員をそうとうリストラし、最後は他社と合併することになりました。

しかし、私は、「自分が会社を辞めることによるマイナス面よりも、幸福の科学をつくり、全国や全世界に仏法真理《ぶっぽうしんり》を広げたほうが、より多くの人が幸福になるだろう」と思ったので、「会社を救えないのは残念だけれども、辞めるのはしかたがない」と判断したのです。そういう見切りはありました。

「私が残っていれば、会社はたぶん消滅していなかっただろう」と言える自信はあります。当時、社長の経営方針が間違《まちが》っていることが見えていたので、残念なことではあります。

しかし、そうは言っていられません。世間《せけん》は「諸行無常《しょぎょうむじょう》」であり、どんどん変転していくものです。会社が淘汰《とうた》されるなど、いろいろなことが起きて当たり前なのです。

結局、私がいた会社は、八十数年の歴史を閉《と》じ、別の会社と合併して生き残ることになりました。また、私がニューヨーク勤務時代に職場にしていた世界貿易《ぼうえき》センタービルは、ハイジャックされた旅客機《りょかっき》に突《つ》っ込まれ、崩壊《ほうかい》して、なくなってしまいました。「人生においては、いろいろなものが予想外に変わっていくのだな」と感じます。

「われわれの未来には、どのような運命が待ち構《かま》えているか」ということについては、予断を許《ゆる》しません。来《く》るべきものは来るでしょう。しかし、どのようなことがあっても、そのつど、智慧《ちえ》を持ち、決断力を持って、乗り切っていかねばなりません。

幸福の科学は世界宗教を本気で目指しています。世界宗教になるまで、とにかくやり続けることです。あきらめたら、その段階で終わりなのです。

「捨《す》てる」ということが成功につながっていく

最後に、本章で私がみなさんに述《の》べたかったことを、まとめておきましょう。

運命の大波に襲《おそ》われることは、いろいろとあるでしょうが、まず、信仰心を立て、それを基準にして、「どちらが正しい方向か」ということを判断し、行くべき方向をピシッと決めてください。

そのためには決断力が大事です。人生においては、何かを捨《す》てなければ前に進めないことがたくさんあります。そのときには、よく考え、痛《いた》みは伴《ともな》うけれども、捨てるべきものは捨て、選ぶべきものを選んでください。

私の著書《ちょしょ》『生命《いのち》の法』（幸福の科学出版刊）では、「代償《だいしょう》の法則《ほうそく》」ということも述べていますが、やはり、「いかに多く捨てたか」ということが、「いかに多く成功するか」ということにつながっていくのです。

「決断の際には痛みを伴うが、その痛みは、新しい時代を拓《ひら》くために必要なものである」ということを知っていただきたいと思います。

第5章
奇《き》跡《せき》を感じよう

1　自分を苦しめているものの正体

「自己防衛《じこぼうえい》の気持ち」が逆《ぎゃく》に自分を不幸にする

本章では、私がみなさんにお教えしておきたいことを、ポイントを絞《しぼ》って述《の》べることにしましょう。

幸福の科学では、「努力の教え」を中心に法の体系《たいけい》が出来上がっていますが、物事には何でも反面というものがあります。

みなさんのなかには、「努力の教え」に基《もと》づいて、日々、頑張《がんば》っていても、自分自身の悩《なや》みや苦しみから、なかなか抜《ぬ》け出せずにいる人も、いるのではないでしょうか。その場合には、「自分は、今、なぜ悩んでいるのか。なぜ苦しんでいるのか」とお考えいただきたいのです。

その原因《げんいん》は、おそらく、ただ一点に集約されるはずです。それは「自己防衛《じこぼうえい》の気持ち」です。「何とかして自分を防衛しよう」と思い、それに基づいて考え方を組み立ててはいないでしょうか。そのことを点検《てんけん》していただきたいのです。

人間も昆虫《こんちゅう》や動物と同じく、生物体として危険《きけん》から自分を護《まも》るようにつくられているため、自己防衛を行うのは当然のことです。

しかし、本能《ほんのう》的に「自分を防衛しよう」と判断《はんだん》する気持ちのなかには、残念ながら、逆《ぎゃく》に自分を不幸にする要素《ようそ》が入っているのです。みなさんを苦しめているものの本体は、九割《わり》がた、そうした自己防衛の気持ちなのです。

自己防衛《じこぼうえい》の例①——自己弁護《べんご》する心

その自己防衛《じこぼうえい》の気持ちとは何であるかというと、一つは「自己弁護《べんご》」です。

つまり、それは、「自分がこのような状態《じょうたい》になったのは、いかに正当な理由によるものであるか」という言い訳《わけ》です。

たいていの人は、「他人の言葉や行為《こうい》、事件《じけん》、世相《せそう》、会社の状況《じょうきょう》、親や子供《こども》など家族の問題等、いろいろな環境《かんきょう》要因や時代的要因、世間《せけん》の要因などによって、今、自分はこんなに傷《きず》つき、苦しんでいるのだ」と、自分を正当化する理由を外に求めているはずです。

必ず何らかの理由は見つかるでしょう。何も考えつかないはずはありません。たちどころに二つや三つは出てくるはずです。

現在《げんざい》、自分が悩んだり、苦しんだり、傷ついたりしている理由として、例えば、「あの人が、こうしたからだ」「あの人の言葉によるものだ」「五年前、あの事故《じこ》が起きたからだ」「十年前、子供が生まれたときに、うまくいかないことがあったためだ」「二十年前、学校を卒業するときに失敗をしたからだ」など、いろいろあるだろうとは思います。

ただ、その場合、「まず自分を防衛しよう」という本能が働いて、さまざまな言い訳が出てきているはずです。

しかも、その不幸の原因を、自分自身ではなく、外部に求めていることが多いわけです。おそらくは、「現在の自分に至《いた》るまでに接《せっ》した、他のいろいろな人の言葉や行動、感情《かんじょう》、それから、自分に影響《えいきょう》を与《あた》えた事件など、さまざまなものが積み重なって、自分は不幸になっている」と考えているでしょう。

しかし、その考え自体が、実は、不幸の原因の一つなのです。

自己防衛の本能は、自分を護ろうとする機能であるにもかかわらず、実際《じっさい》には、「自分が不幸である理由を説明し、自分自身を納得《なっとく》させよう」という方向に働いています。

つまり、不幸の原因を外に求め、ほかの人のせいにしたり、目や耳など体の一部が不自由であることのせいにしたり、頭があまりよくないことのせいにしたりして、いろいろな理由を挙げ、現在の自分が不幸であることを自己弁護しているのです。

みなさんの心のなかに、そういう気持ちがまったくないとは言わせません。絶《ぜっ》対《たい》にあります。なかなか白状しないかもしれませんが、独《ひと》りになってつぶやいたならば、必ず出てくるはずです。

そうした自己弁護の気持ちのなかに、実は、自分を苦しめているものの正体の一つがあるのです。

自己防衛《じこぼうえい》の例②——他人を攻撃《こうげき》する心

もう一つは、自分を防衛《ぼうえい》する気持ちが、「他《た》を攻撃《こうげき》する気持ち」に転化していく場合です。

これは、性格的《せいかく》に言えば、やや強気型、勝ち気型の人に多いと言えます。このタイプの人は、単に、「自分は被害《ひがい》を受けた」という消極的な態度ではなく、「あいつに、やられた」「あれが原因で失敗したのだから、あいつが悪い」などと考えます。

その結果、相手に対して、積極的に恨《うら》んだり、憎《にく》んだり、怒《おこ》ったり、仕返しをしたり、ねちねちと締《し》め上げたり、破滅《はめつ》するように祈《いの》ったりします。あるいは、ほかの人に相手の悪口を言うなど、さまざまな根回しをして、陥《おとしい》れようとしたりします。

世の中には、そういうタイプの人がいますが、こういう人は必ずしも悪人だとは言えません。なぜなら、そのような行動も自己《じこ》防衛本能から派生《はせい》してくるものだからです。

強い力を持っていたり、念《ねん》が強かったり、体が強かったり、気が強かったり、能力が高かったりすると、他人を攻撃する傾向《けいこう》が出てくることがあるので、必ずしも、そういう人がみな悪人であるわけではないのです。

やや性格が弱いタイプの人は、自分を護ろうとする自己弁護のほうに傾《かたむ》きますが、性格が強いタイプの人は、逆に、他人を攻撃するほうに傾き、人を責《せ》めます。

なぜなら、ほかの誰《だれ》かが犯人《はんにん》になれば、自分の罪《つみ》が〝許《ゆる》される〟からです。「あいつが悪い」ということにすれば、自分の苦しみの原因が解決《かいけつ》するわけです。

例えば、会社であれば、「社長が悪いのだ」と言えば済《す》みますし、国のレベルであれば、「首相が悪いのだ」と言えば、それまでのことです。

あるいは、子供の成績《せいせき》の問題であれば、「自分の子供の成績が伸《の》びないのは、担任《たんにん》の教師《きょうし》の学力が低いからだ」「学校が使っているテキストが悪いからだ」という言い方もありますし、「通っている塾《じゅく》の先生の腕《うで》が悪いからだ」という言い方もあるでしょう。

しかし、同じ塾に通っていても、違《ちが》う結果が出る人がいることを、本当は知っているはずです。つまり、その塾のなかで、希望する中学や高校、大学に合格する人もいれば、落ちる人もいるわけですが、自分の子供が落ちたら、塾を批判《ひはん》し、合格したら、塾の先生を神様のようにほめ上げるのです。

ただ、そういう人は別に悪人ではありません。「普通《ふつう》の人」「ただの人」です。それは普通の心境であり、たいていの場合、そうなるのです。

要するに、「自分の子供は、あの塾に通って、あの先生に教わったから、落ちたのだ」と言って、その塾や、そこで教えていた先生を攻撃したり、その塾の悪い評判《ひょうばん》を外に広めたりし、攻撃型で自分を護ろうとする人がいるわけです。

逆に、内《うち》にこもるタイプの場合には、家庭のなかの責任になり、「子供の出来が悪かった」と考えて子供のほうを責めたり、「母親である自分が、昔、それほど勉強ができなかったために、子供の出来が悪いのだ」「父親の出来が悪かったからだ」「父親が仕事で家を離《はな》れていたからだ」「家にお金がなかったからだ」などという言い方をしたりすることもあります。

このように、不幸の説明を、内側に求める場合と外側に求める場合の両方がありますが、いずれの場合も、原因をグーッと絞っていくと、「自己防衛《じこぼうえい》の気持ち」という一点に辿《たど》り着くはずです。

幸福の科学では反省の教えを説いていますが、どうか、「自己防衛の気持ちが働いていないか」ということを、よく考えていただきたいのです。おそらく、そういう気持ちがあるだろうと思います。

実は、それこそが、みなさんを悲しませたり苦しませたりしている本当の原因なのです。

2 「人生の問題集」を静かに受け入れる

自分を苦しめる問題は、起きるべくして起きている

私は、悩《なや》みや苦しみに対して、通常《つうじょう》は「努力の教え」で突破《とっぱ》するように説いていますが、本章は「奇跡《きせき》を感じよう」というテーマなので、単なる「自助努力の教え」ではなく、いつもとは少し違《ちが》ったかたちで述《の》べてみたいと思います。

前述《ぜんじゅつ》したように、苦しみは「自己防衛《じこぼうえい》の思い」から生じているものなので、「苦しみから逃《のが》れよう」と、あがいているうちは、本当は苦しみから逃れることはできません。

したがって、あきらめてください。他人を責《せ》めるのも、自分を責めるのも、あきらめてください。自分の子供《こども》を責めるのも、あきらめてください。

そして、「今、自分の目の前に起きている現象《げんしょう》は、すべて、起きるべくして起きているのだ」ということを受け入れてください。

「今、起きている事態《じたい》は、他の人の原因《げんいん》や自分自身のミスによって、たまたま起きたことではない。現在《げんざい》、自分を苦しめ、頭のなかを占領《せんりょう》している問題は、実は、起きるべくして起きているものであり、今の自分に必要な課題が現《あらわ》れてきているのだ」と思っていただきたいのです。

「その問題が自分に教えようとしていること」を読み取る

例えば、病気もそうです。努力して自ら病気になる人は少ないでしょう。「まさか」というような、考えてもいなかったときに、病気になることが多いのです。

病気の原因には、「不養生《ふようじょう》をしていた」「運動不足だった」「ストレスが多かった」「栄養のバランスが悪かった」など、いろいろなものがあるでしょう。そのように、この世的な説明はつけられるでしょうが、実は、病気をするには病気をするだけの理由があるのです。

つまり、病気が現れてくるのは、それが必要だからです。そのときの自分の年《ねん》齢《れい》や立場において、必要があるから、病気が現れているのです。

また、例えば、受験で「不《ふ》合格《ごうかく》」という結果が出たとします。その結果は、単に運・不運だけの問題ではなく、今のあなたに必要な課題が何であるかを教えようとしているのです。

それは、自分自身の過去《かこ》の努力不足を教えようとしているのかもしれませんし、「もっと世間《せけん》の厳《きび》しさを知りなさい」ということを教えているのかもしれません。あるいは、「これを機会に、決して慢心《まんしん》せず、転落することのないように精進《しょうじん》せよ」と教えているのかもしれません。

ただ、いずれにせよ、「今現れている現象は偶然《ぐうぜん》ではないのだ。自分に必要な課題が現れてきているのだ」ということを、どうか知ってください。

それは、子供の出来が悪い場合もそうですし、子供が障害《しょうがい》を持って生まれてきたような場合にも、必ず何か理由があるのです。

また、夫婦《ふうふ》の間《あいだ》で問題が起きた場合も、それが、今、そのようなかたちで現れてきたことには、何か意味があります。夫婦間で争いが起きるには、それだけの理由や意味があるのです。そして、あなたに何かを教えようとしています。

つまり、今、夫婦の葛藤《かっとう》が問題として出てこなければいけない時期が来たために、それが現れてきているのであり、そのなかから何かを教えようとしているわけなのです。そのことを読み取ってください。

それを読み取らずに、その問題を、自分自身を責める道具に使ったり、他人を責める道具に使ったりしてはいけません。

現《あらわ》れてきた問題を静かに受け入れよう

会社の仕事においては、問題を解決《かいけつ》する際《さい》に、分析《ぶんせき》的なものの考え方をします。原因を追究し、善悪《ぜんあく》を分け、分別《ふんべつ》をつけるなど、いろいろと分析をして、「こうすれば解決する」という判断《はんだん》の仕方をします。これは、会社の仕事ではよくあるやり方でしょう。

確《たし》かに、仕事のレベルでは、そのように、いろいろな問題解決のアプローチをしていかなければなりませんが、そうした仕事の世界から一歩離《はな》れた宗教《しゅうきょう》の世界においては、「問題は何らかの意味があって生じている」と考えるべきなのです。

したがって、「即《そく》、結論《けつろん》を出してしまおう」と思うのは、やめてください。問題が現《あらわ》れてきているのには理由があるので、その現れてきたものを受け入れていただきたいのです。

例えば、病気をしたときに、病気という現象に対して、個人的《こじん》に努力し、闘《たたか》うこと自体は構《かま》いません。病気を治すためには、リハビリもあるでしょうし、さまざまな精進もあるでしょう。

ただ、「病気をした」という事実を、争わずに受け入れてください。「自分の人生の途中《とちゅう》で、こういう課題が現れてきた」ということを受け入れてください。夫婦間で騒動《そうどう》が起きても、それを受け入れてください。親子間で問題が起きても、それを受け入れてください。また、父母との間で問題が起きても、それを受け入れてください。

その問題は、あなたに固有の問題ではないかもしれません。ほかの人にも、それぞれ何らかの問題が起きてくるでしょう。

そのときに、「自分の人生の問題集の一つが、今、出てきたのだな」と思い、それを静かに受け入れる心を持ってください。

3　この世に偶然《ぐうぜん》なるものは何もない

分別知《ふんべつち》による判断《はんだん》をせず、心を止《と》めてみる

この世には偶然《ぐうぜん》なるものは何もないのです。それを知ってください。

また、すべての問題が、会社の仕事のようなかたちで解決《かいけつ》するわけではありません。その問題を受け入れたときに、実は、その先に道が開《ひら》けてくるのです。

みなさんは、「なぜ、私に、こういう現象《げんしょう》が起きたのか」と思うかもしれません。「自分は、これほど勉強したのに」「自分は、これほど家族を大事にしているのに」「自分は、これほど親孝行《おやこうこう》をしたのに」「自分は、これほど美しいのに」などと思うことは、いろいろあるでしょう。

しかし、それを静かに受け入れてみてほしいのです。

そして、瞑想《めいそう》の時《とき》を持ってみてください。あれこれと分別知《ふんべつち》で考えるのではなく、心を止《と》めてみてください。

「善《ぜん》か悪か」「プラスかマイナスか」「前か後ろか」「右か左か」など、分別知によって考え、「結論《けつろん》を出そう」として焦《あせ》る心が、実は、自分を苦しめているのです。

そのときには、まず一切《いっさい》を受け入れてください。判断《はんだん》を下《くだ》さずに、「今、ここに、自分に対して宇宙《うちゅう》の意志《いし》が現《あらわ》れているのだ」と考えてください。

過《す》ぎてしまえば、その意味が分かってきます。この世に生きているうちに分かることもあれば、この世を去った世界に還《かえ》ってから分かることもあります。その時期については何とも言えませんが、「一切を受け入れることも、人生における勉強の一つなのだ」ということを知ってください。

心静かに瞑想《めいそう》し、「大宇宙《だいうちゅう》の意志《いし》」を感じ取る

人は病気をするものですが、実は、病気をすることによって学ぶことは数多くあります。

例えば、それは、「心と肉体のバランスが崩《くず》れている」「自分の能力《のうりょく》を過信《かしん》している」「家族との関係を見直すべきである」などということを教えているのかもしれません。

あるいは、父親や母親を憎《にく》んでいた人が、病気をしたときに、「ああ、親は、こんな気持ちだったのか」と分かることもあります。また、他人の気持ちが理解できたり、自分の仕事について別の目で見ることができたりもします。

このように、自分にとって必要な場合があるので、病気になることも全部が悪とは言えないのです。

したがって、今現れている問題を、単に、「何かのミスによって生じたことだ」と考え、自分を責《せ》めたり他人を責めたりすることをいったんやめて、それを受け入れてください。「今の自分に必要があって現れている問題なのだ」というように受け入れることが大事です。

そして、心静かに瞑想《めいそう》してください。判断は中止してください。判断してはいけません。そのときに、「善か悪か」「前進か後退《こうたい》か」「捨《す》てるか取るか」といった判断をしないでください。

今のあなたに必要があって現れてきたものなのですから、それを静かに受け止めてください。

大宇宙の意志が働いて、今のあなたに必要な課題を与《あた》えてくださっているわけなので、その意味を静かに受け取ることが大事です。あなたの今世《こんぜ》の魂《たましい》修行《しゅぎょう》に必要な内容《ないよう》が、そのなかに必ず含《ふく》まれているはずです。

繰《く》り返しますが、「自己防衛《じこぼうえい》の考えで、すべてを解決しよう」「会社の仕事のようなかたちで解決しよう」などとは思わず、逆《ぎゃく》に受け入れることです。そして、そのなかに、大宇宙《だいうちゅう》の意志《いし》を、あるいは、神の心、仏《ほとけ》の心を感じ取ってください。

人生の途中《とちゅう》には必ず〝落とし穴《あな》〟が掘《ほ》られている

人は、誰《だれ》しも、「人生に何の問題も起きず、まっしぐらにスーッと成功すればよい」と考えがちですが、実際《じっさい》には、そのような人生計画を立てて地上に生まれてきた人など一人もいません。

そのため、人生の途中《とちゅう》には〝落とし穴《あな》〟がたくさんあるのですが、それを事前に教えるわけにはいかないのです。

「ここに落とし穴がある」と最初から知っていたなら、それをよけて通ることは簡単《かんたん》でしょう。しかし、それでは勉強にならないので、意地悪《いじわる》なように思うかもしれませんが、人生のどこかで必ず〝落とし穴〟に引っ掛《か》かって落ちることになっているのです。

そのときには、「偶然に落ちたわけではない」と考えてください。その〝落とし穴〟は、あなたが落ちるように最初から掘《ほ》られていたのです。なぜなら、それは、あなたに必要なものだからです。

〝落とし穴〟に落ち、お尻《しり》をしたたかに打ったときには、夜空を眺《なが》めて考えてください。人生には、何度か、そういう時期が必要なのです。

その時期を通り越《こ》さなければ、「本当の自分」も分かりませんし、「他人の気持ち」も分かりません。そういう経験《けいけん》を通さないうちは、世界の本当の姿《すがた》が、見えているようで見えていないのです。

〝落とし穴〟に落ちて出られなくなり、心細い気持ちで星空を眺めながら一夜を明かすときに、初めて見えてくるものがあります。

「自分が、いかに多くの人から与えられ、支《ささ》えられてきたか」「自分が、いかに他の人の協力を見落としてきたか」「自分自身の手柄《てがら》にしていたことのなかにも、実は、そうではないものもあったのだ」ということを、人は孤立無援《こりつむえん》の状況《じょうきょう》のなかで発見するようになります。

そうした大きな気持ちに包まれたときに、みなさんは大宇宙の力と一体になるのです。

自己防衛《じこぼうえい》の気持ちを捨《す》てたとき、「救いの道」が開《ひら》ける

それは、ある意味で、「捨《す》てよ」ということでもあります。

「自己防衛《じこぼうえい》の気持ち」のことを、私は「自我我欲《じがが よく》」や「自己保存《ほぞん》」という言葉で呼《よ》んだことがありますが、そのような「自分がかわいい」という気持ちは誰もが持っています。

しかし、その気持ちをいったん捨てて、自分に起きた災難《さいなん》や不幸を受け止め、受け入れる度量が必要です。

「災難や不幸は、自分を苦しめるために起きているわけではないのだ。自分を悟《さと》らしめるために用意された問題なのだ。最終的には、すべては解決されていくのだ」ということを信じるべきです。

みなさんには、日々、恐《おそ》れていることがあるはずです。しかし、その恐れているもののうち、実際に現実化するのは一パーセント程度《ていど》です。残りの九十九パーセントは起きないのですが、その起きないことを恐れています。

そして、その恐れの気持ちが現実化して、いろいろなものを引き寄《よ》せ、自分の不幸を確認《かくにん》しているのです。

つまり、不幸の予言者となって、「自分は不幸になるのではないか」「一文《いちもん》なしになるのではないか」「恋愛《れんあい》に失敗するのではないか」「もうすぐ離婚《りこん》になるのではないか」などというように、いろいろな不幸を予言し、それを的中させようと〝努力〟しているのです。そういう間違《まちが》った心の働きをしているわけです。

そのようなときには、判断することをやめ、ひとまず、それを静かに受け止めてみてください。そのなかに大宇宙の意志を読み取ってください。必ず学びがあるはずです。

そして、そこに救いが現れてきます。「これは、自分に必要があって現れてきているのだ」と思ったときに、あなたがたは、すでに救いの道に入っているのです。

自己防衛の気持ちを放下《ほうげ》し、捨て去り、宇宙の意志と一体となって生きていこうとしたときに、救いの道は必ず開《ひら》けてくるのです。

もがくのをやめ、「人生の問題集」を素直《すなお》に受け入れる

それは、例えて言えば、プールに落ちて溺《おぼ》れかけたときの対処法《たいしょほう》と同じです。そのときに、あまりもがくと、水を飲んでしまい、本当に溺れてしまいます。プールで溺れかけたときには、もがくのをやめることです。水のなかでじっとしていると、自然に体が浮《う》かんできます。これは海の場合でも同じです。下手《へた》にもがくと、水を飲んで溺れてしまうことがよくあるのです。

まず、もがくのをやめてください。そして、頭が浮いてくるのを静かに待ってください。そうすれば、必ず体は浮いてきます。

人間の体は水よりも比重《ひじゅう》が軽いため、必ず浮くのです。それにもかかわらず、わざわざ暴《あば》れて水を飲んで苦しみ、溺れてしまうわけです。

したがって、もがくのをやめ、静かに受け入れてください。そして、大宇宙の

意志と一体になりなさい。そのときに救いが現れます。

宇宙の意志と一体になり、自分に現れている「人生の問題集」を素直《すなお》に受け入れることです。それを、人のせいや環境《かんきょう》のせい、家族のせい、会社のせい、国のせいにするのではなく、「この問題は、自分自身に必要なものとして、今、現れているのだ」と受け止めたときに、あなたがたは、すでに宇宙の意志と一体になろうとしています。そして、そこに救いが実現しようとしてきているのです。

4　奇跡《きせき》を感じる瞬間《しゅんかん》

「主の御心《みこころ》」にすべてを委《ゆだ》ねよう

これまで述《の》べてきたことを復習《ふくしゅう》してみましょう。

まず、「すべてを委《ゆだ》ねなさい」と言いました。これは、「すべてを仏《ほとけ》に委ねなさい」「すべてをエル・カンターレに委ねなさい」ということです。

「主よ、私が苦しんでいるのは、決して、他《た》の人のせいでもなく、自分自身のミスでもなく、仏が意地悪《いじわる》をしようとしているからでもありません。これは、今《こん》世《ぜ》、私がこの世に命を享《う》けた意味を教えるためのものです。私は、そのことを受け入れ、悟《さと》りたいと思います。だから、主よ、御心《みこころ》にお任《まか》せします」という気持ちが大事なのです。

そのように、じたばたするのをやめ、判断《はんだん》を下《くだ》すことをやめて、静かに受け入れてください。

受け入れたときに、浮力《ふりょく》が湧《わ》いてきます。生きていく力がグーッと湧き上がってきます。そのときに奇跡《きせき》が訪《おとず》れます。

それまで、自我力《じがりき》で頑張《がんば》っていながらも、非常《ひじょう》に苦しみ、世の中が地獄《じごく》に見え、

「自分は地獄の底であがいている」と思っていたのに、実は、そうではなかったことが分かります。「自分は〝鳴門《なると》の渦潮《うずしお》〟のなかできりもみ状態《じょうたい》になり、溺《おぼ》れていると思っていたけれども、本当は畳《たたみ》の上で転がっていただけだ」ということが分かってくるのです。

どうか、「大いなる力に委ねよう」という気持ちを持ってください。そうすれば、みなさんは、気づかないうちに、自然に救われていることでしょう。

苦しみは、魂《たましい》を鍛《きた》えるための大いなる慈悲《じひ》

私は、最近、信仰心《しんこうしん》の大切さについて説いていますが、本当の意味で信仰心が立ったならば、「大いなるものに委ねる」という気持ちにならなければなりません。すべては大宇宙《だいうちゅう》の意志《いし》の下《もと》にあり、自分一人で動かせるものなど、ある意味で何もないのです。

「この世に生かしていただいた。生まれさせていただいた。この世で人生修行《しゅぎょう》をさせていただいた」ということは、ありがたいことです。本来、それ以上、何も求めてはいけないのです。

「主よ、すべてをお任せいたします。この修行が私に必要だと、あなたが思っておられるならば、その修行に耐《た》えます。私の魂《たましい》のために必要なものならば、受け入れます。それに抗《あらが》いません。抵抗《ていこう》しません。現《あらわ》れたものを、そのまま受け止めます」

そういう気持ちを持ってください。

そうすれば、「実は、自分は地獄の底にいたのではなく、最高のコーチが付いて、自分を指導《しどう》してくれていたのだ」ということが分かってきます。

そうとは知らずに、地獄の底でもがいているような気持ちでいるわけですが、この世においては、「『天国だ』と思うことが、本当は地獄であり、『地獄だ』と思うことが、本当は天国である」ということが多いのです。そのように、往々《おうおう》にして正反対になるわけです。

今、みなさんは「自分は地獄の坩堝《るつぼ》で苦しんでいる」と思っているかもしれませんが、それは、実は、みなさんの魂を鍛《きた》え、真なる金《きん》に変えようとする、大いなる慈悲《じひ》であることが多いのです。

そういうことを知っておいてくだされぱと思います。

そうすれば、本章のタイトルどおり、みなさんには、「奇跡を感じる瞬間《しゅんかん》」が必ず訪れるでしょう。

大宇宙《だいうちゅう》の力と一体になったとき、「奇跡《きせき》の瞬間《しゅんかん》」が訪《おとず》れる

自我力によって、自分の力によって、「自己防衛《じこぼうえい》しよう」と思っているうちは、奇跡《きせき》は起きません。自分の知識《ちしき》や経験《けいけん》、判断、善悪《ぜんあく》の分別力《ふんべつりょく》などによって問題を

解決《かいけつ》しようと思っているうちは、奇跡は起きないのです。

ところが、大宇宙《だいうちゅう》の心と一体になり、自分の身を委ねたときに、奇跡が起きてきます。それを感じ取ってください。

一日に十五分でもよいので、そうした瞑想《めいそう》の時間を取ってみてください。自分の計らい心で、いろいろな問題を解決しようとすることを、いったん、やめて、「ありのままに受け取ろう。目の前に現れたことを、そのまま受け取ろう」という気持ちになってください。

そして、奇跡がその身に臨《のぞ》んでくるのを感じ取ってください。心境《しんきょう》の違《ちが》いが現れてくるでしょう。

当会にも奇跡は起きていますが、まだ数は多くありません。その理由のほとんどは、頭脳《ずのう》的なるもの、あるいは意志や感情《かんじょう》によって、問題を解決しようと思っていることにあります。

しかし、前述《ぜんじゅつ》したとおり、「宇宙の大いなる力と一体になり、そこに自分を浮《う》かべよう」と思えば、解決する問題は数多くあるのです。

その奇跡の瞬間《しゅんかん》を数多くの人に味わっていただきたいと思います。

あとがき

ある意味で、世界一「ストレスフル」なはずの私が、「ストレスレス」になる話をしているのだから、人生は面白い。宗教的覚醒《かくせい》の時から、三十年以上、満身《まんしん》創痍《そうい》となってもよかったはずの人生が、「愛を与える」という「観《かん》の転回《てんかい》」のため、全身、これ金剛身《こんごうしん》となった。

人生の悩みを解決するためには、まずは、目の前の小さな諸問題を作業として一つ一つ片づけてゆくことだ。そして、目の前に自由と創造の余地を広げてゆくことだ。あとは大きな意味での天運《てんうん》をがっちりと受けとめることだ。

仕事が速いという実務能力の訓練が、あなたの心の宗教性をも救うという、変わった逆体験もするだろう。すべては神のために、と考えることだ。

二〇一二年　七月三日

幸福《こうふく》の科学《かがく》グループ創始者兼総裁《そうししゃけんそうさい》　大川隆法《おおかわりゅうほう》

本書は左記の法話をとりまとめ、加筆したものです。

第1章　ストレス・マネジメントのコツ
二〇一〇年一月三十一日説法
千葉県・松戸支部精舎

第2章　人間関係向上法
二〇一一年八月十二日説法
長野県・北信濃支部精舎

第3章　祝福の心
二〇〇五年四月十二日説法
東京都・総合本部

第4章　運命の大波にもまれながら生きる
二〇〇八年六月一日説法
愛知県・名古屋中央支部精舎
（名古屋記念館）

第5章　奇跡を感じよう
二〇〇七年九月十九日説法
大分県・大分支部精舎

『心を癒す ストレス・フリーの幸福論』 大川隆法著作参考文献

『繁栄思考』（幸福の科学出版刊）
『「幸福になれない」症候群』（同右）
『生命の法』（同右）

心《こころ》を癒《いや》す ストレス・フリーの幸福論《こうふくろん》

2012年7月27日　初版第1刷

著　者　　大《おお》 川《かわ》 隆《りゅう》 法《ほう》

発行所　　幸福の科学出版株式会社

〒107-0052 東京都港区赤坂2丁目10番14号
TEL(03)5573-7700
http://www.irhpress.co.jp/

印刷・製本　株式会社 堀内印刷所

落丁・乱丁本はおとりかえいたします

ISBN978-4-86395-214-0 C0014
Photo: ©Gudellaphoto-Fotolia.com

大川隆法ベストセラーズ・信仰による幸福への道

不滅の法

宇宙時代への目覚め

「霊界」、「奇跡」、そして「宇宙人」の存在。物質文明が封じ込めてきた不滅の真実が解き放たれる。地球の未来を切り拓くために。

2,000円

愛、無限

偉大なる信仰の力

真実の人生を生きる条件、劣等感や嫉妬心の克服法などを解き明かし、主の無限の愛と信仰の素晴らしさを示した現代の聖書。

1,600円

繁栄思考

無限の富を引き寄せる法則

豊かになるための「人類共通の法則」が存在する――。その法則を知ったとき、あなたの人生にも、繁栄という奇跡が起きる。

2,000円

※表示価格は本体価格(税別)です。

大川隆法ベストセラーズ・本当の幸福を求めて

幸福の原点

人類幸福化への旅立ち

幸福の科学の基本的な思想が盛り込まれた、仏法真理の格好の手引書。正しき心の探究、与える愛など、幸福になる方法が語られる。

1,500円

「幸福になれない」症候群

グッドバイ ネクラ人生

自分ではそうと知らずに不幸を愛している—こうした人々を28の症例に分け、幸福への処方箋を詳細に説いた"運命改善講座"。

1,500円

アイム・ファイン

自分らしくさわやかに生きる 7つのステップ

この「自己確信」があれば、心はスッキリ晴れ上がる！ 笑顔、ヤル気、タフネス、人間の魅力を磨き続けるための7つのステップ。

1,200円

幸福の科学グループのご案内

宗教、教育、政治、出版などの活動を通じて、地球的ユートピアの実現を目指しています。

宗教法人　幸福の科学

一九八六年に立宗。一九九一年に宗教法人格を取得。信仰の対象は、地球系霊団の最高大霊、主エル・カンターレ。世界百カ国に迫る国々に信者を持ち、全人類救済という尊い使命のもと、信者は、「愛」と「悟り」と「ユートピア建設」の教えの実践、伝道に励んでいます。

（二〇一二年七月現在）

公式サイト
http://www.happy-science.jp/

愛

幸福の科学の「愛」とは、与える愛です。これは、仏教の慈悲《じひ》や布施《ふせ》の精神と同じことです。信者は、仏法真理をお伝えすることを通して、多くの方に幸福な人生を送っていただくための活動に励んでいます。

悟り

「悟り」とは、自らが仏の子であることを知るということです。教学《きょうがく》や精神統一によって心を磨き、智慧《ちえ》を得て悩みを解決すると共に、天使・菩薩《ぼさつ》の境地を目指し、より多くの人を救える力を身につけていきます。

ユートピア建設

私たち人間は、地上に理想世界を建設するという尊い使命を持って生まれてきています。社会の悪を押しとどめ、善を推し進めるために、信者はさまざまな活動に積極的に参加しています。

国内外の世界で貧困や災害、心の病で苦しんでいる人々に対しては、現地メンバーや支援団体と連携して、物心両面に渡り、あらゆる手段で手を差し伸べています。

年間３万人を超える自殺者を減らすため、全国各地で街頭キャンペーンを展開しています。

公式サイト
http://www.withyou-hs.net/

ヘレン・ケラーを理想として活動する、ハンディキャップを持つ方とボランティアの会です。視聴覚障害者、肢体不自由な方々に仏法真理を学んでいただくための、さまざまなサポートをしています。

公式サイト
http://www.helen-hs.net/

教育

学校法人 幸福の科学学園

幸福の科学学園中学校・高等学校は、幸福の科学の教育理念のもとにつくられた学校です。人間にとって最も大切な宗教教育の導入を通じて精神性を高めながら、ユートピア建設に貢献する人材輩出を目指しています。

幸福の科学学園
中学校・高等学校（男女共学・全寮制）
2010年4月開校・栃木県那須郡

TEL 0287-75-7777
公式サイト
http://www.happy-science.ac.jp/

関西校（2013年4月開校予定・滋賀県）
幸福の科学大学（2015年開学予定）

仏法真理塾「サクセスNo.1」

小・中・高校生が、信仰教育を基礎にしながら、「勉強も『心の修行』」と考えて学んでいます。

TEL 03-5750-0747（東京本校）

心の面からのアプローチを重視して、不登校の子供たちを支援しています。また、障害児支援の「**ユー・アー・エンゼル!**」運動も行っています。

不登校児支援スクール「ネバー・マインド」

幼少時からの心の教育を大切にして、信仰をベースにした幼児教育を行っています。

エンゼルプランV

NPO 活動支援

いじめから子供を守ろう! ネットワーク

学校からのいじめ追放を目指し、さまざまな社会提言をしています。また、各地でのシンポジウムや学校への啓発ポスター掲示等に取り組むNPO「いじめから子供を守ろう！ネットワーク」を支援しています。

公式サイト **http://mamoro.org/**

ブログ **http://mamoro.blog86.fc2.com/**

相談窓口 **TEL.03-5719-2170**

政治

幸福実現党

内憂外患《ないゆうがいかん》の国難に立ち向かうべく、二〇〇九年五月に幸福実現党を立党しました。創立者である大川隆法党名誉総裁の精神的指導のもと、宗教だけでは解決できない問題に取り組み、幸福を具体化するための力になっています。

党員の機関紙
「幸福実現News」

TEL 03-6441-0754
公式サイト
http://www.hr-party.jp/

出版 メディア 事業

幸福の科学出版

大川隆法総裁の仏法真理の書を中心に、ビジネス、自己啓発、小説など、さまざまなジャンルの書籍・雑誌を出版しています。他にも、映画事業、文学・学術発展のための振興事業、テレビ・ラジオ番組の提供など、幸福の科学文化を広げる事業を行っています。

TEL 03-5573-7700
公式サイト
http://www.irhpress.co.jp/

入 会 の ご 案 内

あなたも、幸福の科学に集い、
ほんとうの幸福を
見つけてみませんか？

幸福の科学では、大川隆法総裁が説く仏法真理をもとに、
「どうすれば幸福になれるのか、また、
他の人を幸福にできるのか」を学び、実践しています。

入会

大川隆法総裁の教えを学ぼうとする方なら、どなたでも入会できます。入会された方には、『入会版「正心法語」』が授与されます。（入会の奉納は1,000円目安です）

ネットでも**入会**できます。詳しくは、下記URLへ。

三帰《さんき》誓願《せいがん》

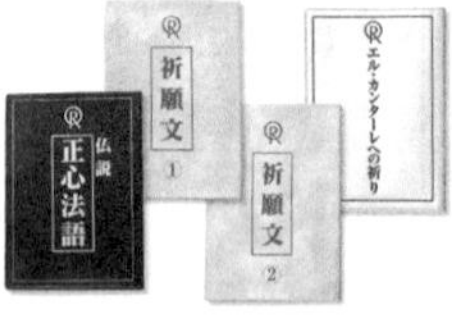

仏弟子としてさらに信仰を深めたい方は、仏・法・僧の三宝への帰依を誓う「三帰誓願式」を受けることができます。三帰誓願者には、『仏説・正心法語』『祈願文①』『祈願文②』『エル・カンターレへの祈り』が授与されます。

植福《しょくふく》の会

植福は、ユートピア建設のために、自分の富を差し出す尊い布施の行為です。布施の機会として、毎月1口1,000円からお申込みいただける、「植福の会」がございます。

「植福の会」に参加された方のうちご希望の方には、幸福の科学の小冊子（毎月1回）をお送りいたします。
詳しくは、下記の電話番号までお問い合わせください。

月刊
「幸福の科学」

ザ・伝道

ヤング・ブッダ

ヘルメス・
エンゼルズ

INFORMATION
幸福の科学サービスセンター
TEL. **03-5793-1727**（受付時間 火～金：10～20時／土・日：10～18時）
宗教法人 幸福の科学 公式サイト **http://www.happy-science.jp/**